Wolfgang Jean Costanza

Cours d'allemand facile
avec une novelle méthode

Editeur:
BoD – Books on Demand,
Norderstedt, Allemagne
ISBN 9783750436350
Dépôt légal: janvier 2020
© 2020 Wolfgang Jean Costanza
Tous droits réservés pour tous les pays.
Frontispice: le lac de Quatre-Cantons
(Vierwaldstätter See) en Suisse
allemande
Photo: Wolfgang Jean Costanza

Table des matières

1. *Le contrôle douanier.* La prononciation.   4

2. *Où est la gare?* Articles.   10

3. *La grève.* Noms.   19

4. *La panne.* Adjectifs.   25

5. *Première rencontre.* Verbes réguliers.   34

6. *La robe de mariée.* Verbes irréguliers.   46

7. *Le voyage de noces.* Pronoms personnels.   56

8. *Arrivée à l'hôtel.* Autres pronoms.   63

9. *Au restaurant.* Espace et temps.   74

10. Phrases importantes   80

    Verbes irréguliers   86

    Vocabulaire   93

Premier chapitre

<u>Transcription phonétique (TP) et prononciation</u>

La syllabe accentuée est soulignée. L'allemand distingue les sons de voyelle brefs des sons de voyelle longs qui sont indiqués par le doublement de la voyelle.

<u>Prononciation des voyelles</u>

lettre	TP	comme français	allemand	TP	traduction
a (bref)	**a**	artiste	Artist	**ar**-<u>tist</u>	acrobate
a (long)	**aa**	marmelade	Marmelade	marme <u>**laa**</u>-de	confiture
e	**e**	je	Garten	<u>**gar**</u>-ten	jardin
e (ouvert)	**è**	père	der	**dèèr**	le
e (fermé)	**é**	été	Tee	**téé**	thé
i (bref)	**i**	illégal	illegal	**i**-legal	illégal
i (long)	**ii**	rire	Tiger	<u>**tii**</u>-guer	tigre
ie	**ii**	vie	Liebe	<u>**lii**</u>-be	amour
o (bref)	**o**	omnibus	Omnibus	<u>**om**</u>-nibous	bus
o (long)	**oo**	dôme	Dom	**doom**	cathédrale
u (bref)	**ou**	couvert	Kuvert	**kou**-<u>vèrt</u>	enveloppe
y	**i**	le yen	der Yen	**dèèr** i**én**	le yen
	u	urgent	System	su-<u>**stéém**</u>	système

4

Prononciation de l'**Umlaut**

Les trémas au - dessus des voyelles s'appellent **Umlaut** (<u>oum</u>-laot).

ä	**è**	sec	Männer	<u>m**è**</u>-ner	hommes
ä	**èè**	sphère	Sphäre	<u>sph**èè**</u>-re	sphère
ö	**eu**	heureux	öffnen	**euf**-nen	ouvrir
ö	**eueu**	douloureux	Möhre	**meueu**-re	carotte
ü	**u**	urgent	Rücken	<u>r**u**</u>-ken	dos
ü	**uu**	dune	Düne	<u>d**uu**</u>-né	dune

Prononciation des diphtongues

Les diphtongues sont les combinaisons de deux voyelles dans une même syllabe.

ai,	**aï**	ail	Mais	m**aïs**	maïs
ei			ein	**aï**n	un
au	**ao**	là-haut	Maut	m**ao**t	péage
	oo	taupe	Restaurant	rest**oo**-	restaurant
äu /	**oï**	Loïc	Käufer	<u>k**oï**</u>-fer	acheteur
eu			die Leute	dii <u>l**oï**</u>-te	les gens

Prononciation des consonnes

b	**b**	bon	Bild	**b**ilt	l'image
c	**k**	café	das Café	ka-<u>f**éé**</u>	le café
	ts	tsunami	Celsius	**ts**èl-sious	Celsius
	tsh	tchin-tchin	Cembalo	<u>**tsh**em</u>-balo	clavecin
ch	**ch**	Juan (espagnol)	Dach	da**ch**	toit
	k	ch suite d'un s	Lachs	la**k**s	saumon
ck	**k**	plouc	Dreck	drè**k**	ordure
g	**g**	garantie	Garantie	**g**aran-<u>t**ii**</u>	garantie
	gk	zinc	Achtung	achtoun**gk**	attention

5

g	**gu**	guérison	geben	**guèè**-ben	donner
(avant		guide	Gipfel	**gui**p-fel	sommet
e, i, y)		Guyane	Gymna-	**gu**m-**na**-	lycée
			sium	sioum	
h	**h'**	ha! ha!	Herr	**h'**èrr	monsieur
j	**i**	ici	ja	**i**aa	oui
qu	**kv**	quoi	Quelle	**kv**è-lé	source
s / ß	**s**	tasse	Tasse	**ta**-sé	tasse
	z	rose	Rose	**ro**-zé	rose
sch	**sh**	‚fish' (anglais)Fisch		**fish**	poisson
sp	**shp**	d'arrache-pied Spiel		**shp**iil	jeu
st	**sht**	début de motStuhl		**sht**ououl	chaise
	st	milieu/fin de motRast		**rast**	repos
tsch	**tsh**	tchèque	deutsch	doï**tsh**	allemand
v	**f**	femme	Vater	**faa**-tèr	père
	v	vase	Vase	**vaa**-zé	vase
w	**v**	verre	Welt	**v**èlt	monde
z	**ts**	tsunami	zahlen	**tsaa**-len	payer

Il existe une bonne méthode d'apprentissage de la prononciation: si 'Google' traduit un texte français en texte allemand, vous pouvez l'écouter.

<u>Règles générales</u>

Les mots se prononcent comme ils s'écrivent et ils s'écrivent comme ils se prononcent.
Une voyelle est longue quand elle est doublée: Meer (méér) mer, quand elle est suivie d'un ‚h': Stuhl (stououl) / chaise, quand elle est suivie d'un seul consonne: Tag (taagk) / jour. Une voyelle est brève quand elle est suivie de deux consonnes ou plus: Bett (bét) / lit.
Les consonnes placées en fin de mot se prononcent toujours: Sport (sport) / sport

La prononciation de l'alphabet

A a B béé C tséé D déé E éé F èf G guéé H h'aa
I ii J iot K kaa L èl M ém N én O oo P péé Q
kouou R èr S ès T téé U ouou V fao W véé X
iks Y up-silon Z tsèd

Abréviations

E	exemple
R	règle
m	masculin
f	féminin
n	neutre
sg	singulier
pl	pluriel
F	facultatif

Lisez s.v.p. le texte suivant à voix haute. Il est d'une grande importance: lire, parler et écouter le texte en même temps.

Le contrôle douanier / Die Zollkontrolle

Lieu: L'aéroport à Munich, une touriste T,
douanier D

D Bonjour. Guten Tag (<u>gouou</u>-ten taag). Le passeport s'il vous plait. Den Pass bitte (déén pas
<u>bi</u>-te). Le passeport est périmé. Der Pass ist
abgelaufen (dèèr pas ist <u>ab</u>-gué-laofen).

T Voici la carte d'identité. Hier ist der Personalausweis (hiir ist dèèr pèrso-<u>naal</u>-aosvaïs). J'ai
voyagé beaucoup de temps par toute la France. Ich bin lange Zeit durch ganz Frankreich
gereist (ich bin <u>lan</u>-gue tsaït dourch gants
<u>frank</u>-raïch gué-<u>raïst</u>). Il y a quelque chose de
nouveau en Allemagne? Gibt es etwas Neues
in Deutschland (guibt és <u>ét</u>-vas <u>noï</u>-es   in
<u>doïtsh</u>-land)?

D Je *ne* sais *rien* de nouveau. Ich weiß *nichts*
Neues (ich vaïs nichts <u>noï</u>-es). Avez -*vous*
quelque chose à déclarer? Haben *Sie* etwas zu
verzollen (<u>h'aa</u>-ben sii <u>ét</u>-vas tsou fèr-<u>tso</u>len)?

T Je *n'*ai *rien* à déclarer. Ich habe *nichts* zu verzollen (ich <u>h'aa</u>-be nichts tsou fèr-<u>tso</u>-len).

D Ouvrez cette valise! Öffnen Sie diesen Koffer
(<u>euf</u>-nen sii <u>dii</u>-zen <u>ko</u>-fèr)! Maintenant je sais
quelque chose de nouveau pour vous. Jetzt
weiß ich etwas Neues für Sie (iétst vaïs ich <u>ét</u>-
vas <u>noï</u>-es fuur sii). Vous devez payer les
droits de douane pour ceci. Sie müssen für
das hier Zoll bezahlen (sii <u>mu</u>-sen fuur daas
hiir tsol bé-<u>tsaa</u>-len).

T Mais c'est un cadeau. Aber das ist ein Geschenk (<u>a</u>-bèr daas ist aïn gué-<u>shénk</u>).

D   Pour qui? Für wen (fuur wéén)?

8

T Pour vous. Für Sie (fuur sii).
D Je *vous* remercie. Ich danke *Ihnen* (ich <u>dan</u>-ke <u>ii</u>-nen).
T De rien. Keine Ursache. (<u>kaï</u>-ne <u>our</u>-sache).

F <u>Mots 'Vrais jumeaux'</u>

'Vrais jumeaux': mots qui sont écrits de la même façon et qui ont les mêmes significations en français et en allemand.

die Adresse (a-<u>drè</u>-sé)	das Auto (<u>ao</u>-too)
die Banane (ba-<u>naa</u>-ne)	die Bar (baar)
die Batterie (bate-<u>rii</u>)	beige (béésh)
der Bikini (bi-<u>kii</u>-nii)	blond (blond)
das Bonbon (<u>bon</u>-bon)	der Boulevard (boul<u>vaar</u>)
der Bus (bous)	die Creme (<u>krèè</u>-mé)
die Dame (<u>daa</u>-mé)	das Dessert (dé-<u>sèr</u>)
die Etage (é-<u>taa</u>-shé)	das Etui (étou-<u>ii</u>)
der Film (film)	die Garage (ga-<u>raa</u>-shé)
die Grotte (<u>gro</u>-té)	das Hotel (h'o-<u>tèl</u>)
die Information (informatsi-<u>oon</u>)	interessant (intèrè-<u>sant</u>)
international (intèrnatsio-<u>naal</u>)	das Kilo (<u>ki</u>-lo)

Apprenez s.v.p. les mots soulignés au vocabulaire de <u>acheter</u> à <u>billet</u>.

9

Deuxième chapitre

L'article défini

E L'Allemand et la Française aiment le pays natal.

Der Deutsche und **die** Französin lieben **das** Heimatland.

pl **Die** Deutschen und **die** Französinnen lieben **die** Heimatländer.

R Il y a trois articles définis:
L'article masculin **der** (dèèr) (**R 1**)
L'article féminin **die** (dii)
L'article neutre **das** (daas)
L'article défini au pluriel est **die** (dii).
Le genre et le nombre de l'article s'accordent avec le nom.

L'article indéfini

E Un Allemand et une Française ont un rendez-vous.

Ein Deutscher (1) und **eine** Französin (2) haben **ein** Rendezvous (3).

pl Deutsche und Französinnen haben Rendezvous.

R Il y a deux articles indéfinis:
L'article masculin (1) et neutre (3): **ein** (aïn)
L'article féminin (2): **eine** (aïne)
L'article indéfini disparaît au pluriel.

Les cas de la déclinaison

E Karl donne la rose à Cécile.

Karl schenkt Cécile die Rose.
En allemand l'objet indirect est suivi de l'objet direct.

R Le sujet d'une phrase est au **nominatif**:
Was (vaas)/que, quoi? Wer (vèèr) / qui (Karl).
L'objet direct de la phrase est à l'**accusatif**:
Wen (véén) / qui? Was (vaas) / que, quoi? (la rose).
L'objet indirect de la phrase est au **datif**:
Wem (véém) / à qui? (à Cécile).
Le **génitif** répond à la question wessen (<u>vé</u>sen) / de qui? Il s'emploie pour exprimer la possession. La personne (chose) qui possède est au génitif.

E La rose de la fille. Die Rose des Mädchens.

La déclinaison de l'article défini

Tableau 1: <u>Déclinaison de l'article défini</u>

	N	A	D	G
m	der	den	dem	des
f	*die*	*die*	der	der
n	*das*	*das*	dem	des
pl	*die*	*die*	den	der

N nominatif A accusatif D datif G génitif

<u>Moyen mnémotechnique</u>:
Le père salue le fils sur le quai de la gare.
Der Vater begrüßt **den** Sohn (**R 14**) auf **dem** Bahnsteig **des** Bahnhofs. La femme voit la blouse dans la vitrine de la boutique.
Die Frau sieht *die* Bluse (**R 5**) in **der** Vitrine (**R 11**) **der** Boutique.

11

L'enfant voit le jouet dans la vitrine du grand magasin. *Das* Kind sieht *das* Spielzeug in **dem** Schaufenster **des** Kaufhauses.
Les enfants voient les jouets dans les vitrines des grands magasins. *Die* Kinder sehen *die* Spielzeuge in **den** (**R 29**) Schaufenstern **der** Kaufhäuser.

On peut former **contractions** comme suit:
la dernière lettre de l'article défini > la dernière lettre de la contraction: an de**m** > a**m** (**R17**), bei de**m** > bei**m**, in de**m** > i**m** (**R 2**), von de**m** >vo**m** (**R 31**), zu de**m** > zu**m** (**R 3**), zu de**r** > zu**r** (**R 4**), an da**s** > an**s**, auf da**s** > auf**s**, durch da**s** > durch**s**, für da**s** > für**s**, in da**s** > in**s** (**R 16**).

La déclinaison de l'article indéfini

Tableau 2: <u>Déclinaison de l'article indéfini</u>

	N	A	D	G
m	**ein**	ein ...	ein ...	ein ...
f	*eine*	*eine*	ein ... (**R 13**)	ein ...
n	*ein*	*ein*	ein ...	ein …

<u>Moyen mnémotechnique</u>:
Un homme pense: en regardant un miroir une femme voit une femme, une fille voit une fille.
Ein Mann denkt: einen Spiegel (**R 6**) betrachtend sieht *eine* Frau *eine* Frau (**R 10**), sieht *ein* Mädchen *ein* Mädchen.
Utilisez un crayon pour écrire les terminaisons manquantes selon la règle suivante:
Règle: On décline l'article indéfini comme suit:
ein + **les deux dernières lettres de l'article défini.** (**R 32**) Voir tableau **15, C10,** numéro 1.

Nombres cardinaux / Grundzahlen

0 null (noul)
1 eins (aïns)
2 zwei (tsvaï)
3 drei (draï)
4 vier (fiir)
5 fünf (funf)
6 sechs (séks)
7 sieben (<u>sii</u>-ben)
8 acht (acht)
9 neun (noïn)
10 zehn (tséén)
11 elf (èlf)
12 zwölf (tsveulf)
13 dreizehn (<u>draï</u>-tséén)
14 vierzehn (<u>fiir</u>-tséén)
15 fünfzehn (<u>funf</u>-tséén)
16 sechzehn (<u>sèch</u>-tséén)
17 siebzehn (<u>siib</u>-tséén)
18 achtzehn (<u>acht</u>-tséén)
19 neunzehn (<u>noïn</u>-tséén)
20 zwanzig (<u>tsvan</u>-tsigk)
21 einundzwanzig (<u>aïn</u>-ound-<u>tsvan</u>-tsigk)
22 zweiundzwanzig (<u>tsvaï</u>-ound-<u>tsvan</u>-tsigk)
30 dreißig (<u>draï</u>-sigk)
40 vierzig (<u>fiir</u>-tsigk)
50 fünfzig (<u>funf</u>-tsigk)
60 sechzig (<u>sèch</u>-tsigk)
70 siebzig (<u>siib</u>-tsigk)
71 einundsiebzig (<u>aïn</u>-ound-<u>siib</u>-tsigk)
72 zweiundsiebzig (<u>tsvaï</u>-ound-<u>siib</u>-tsigk)
80 achtzig (<u>acht</u>-tsigk)
81 einundachtzig (<u>aïn</u>-ound-<u>acht</u>-tsigk)
90 neunzig (<u>noïn</u>-tsigk)

100 hundert (<u>h'oun</u>-dèrt)
1000 tausend (<u>tao</u>-send)
1000000 eine Million
(<u>aï</u>-ne mili-<u>on</u>)

13

R De 13 -19 on prend l'unité + zehn par
exemple:
dreizehn. **Exceptions**: sechszehn > **sechzehn**,
siebenzehn > **siebzehn.**
A partir de 21 on prend l'unité + und + dizaine, par exemple: zweiundzwanzig.

F Nombres ordinaux / Ordnungszahlen

Der, die, das
erste	<u>érs</u>-te
zwei **te**	<u>tsvaï</u>-te
dritte	<u>dri</u>-te
vier **te**	<u>fiir</u>-te
fünf **te**	<u>funf</u>-te
sechs **te (R7/1)**	<u>sék</u>s-te
siebte	<u>siib</u>-te
achte	<u>ach</u>-te
neun **te**	<u>noïn</u>-te
zehn **te**	<u>tséén</u>-te
zwanzig **ste**	<u>tsvantsigk</u>-ste

R On forme les nombres ordinaux de 1-19
comme suit: nombre cardinal + **-te**, à partir de
20: nombre cardinal + **ste**.
Exceptions: der/die /das **erste**, **dritte**, **siebte**,
achte.

F Nombres fractionnaires / Bruchzahlen

R Nombre ordinal + l > nombre fractionnaire.
E dritte + l > ein Drittel, vierte + l > ein Viertel
sechste + l > ein Sechstel. (**R7/2**)
Exception: ½ ein halb.

14

F La date

R Pour la date on utilise toujours **les nombres ordinaux**.

E Le combien sommes nous aujourd'hui? Den Wievielten haben wir heute (déén vi-<u>fiil</u>-ten h'<u>aa</u>-ben viir <u>h'oï</u>-te)?

Aujourd'hui nous sommes le 2 avril. Heute haben wir **den zweiten April** (<u>hoï</u>-te h'<u>aa</u>-ben viir déén <u>tsvaï</u>-ten a-<u>pril</u>).

R Pour préciser la date d'un événement on utilise le mot **am** (an + de**m** > **am**). (**R 18**)

E Je suis né le 2 avril. Ich bin **am** zweiten April geboren (ich bin am <u>tsvaï</u>-ten a-<u>pril</u> gé-<u>boo</u>-ren).

R Pour indiquer le mois ou la saison on utilise le mot **im** (in + de**m** > **im**).

E C'était en juin / été. Es war **im** Juni / Sommer (és vaar im <u>iouou</u>-ni <u>so</u>-mer).

Pour les années on lit les deux premiers chiffres comme un *nombre cardinal*, on ajoute le mot hundert puis le nombre des deux derniers chiffres, par exemple 1999: *neunzehn*-hundert-*neunundneunzig*.

À partir de 2000 on lit l'année comme un seul nombre, par exemple:

2016 zweitausendsechzehn.

Il y a deux façons pour indiquer l'année:

2000. Zweitausend ou (im Jahr) zweitausend.

Pour indiquer les fêtes on utilise la préposition **an** / **zu**. C'était á Pâques. Es war **an** / **zu** Ostern (és vaar an tsou <u>oo</u>-stèrn).

15

F Demander l'heure

Quelle heure est-il? Wie viel Uhr ist es (vii fiil ouour ist és)? Ou: Wie spät ist es (vii shpèèt ist és)?
Il est / es ist 4.00 vier Uhr (fiir ouour) 4.10 zehn Minuten nach vier (tséén mi-<u>nouou</u>-ten nach viir) (1) 4.15 Viertel nach vier (<u>fiir</u>-tel nach fiir) (2) 4.30 halb fünf (h'alb funf) (3) 4.40 zwanzig Minuten vor fünf (<u>tsvan</u>-tsigk mi-<u>nouou</u>-ten foor funf) (4) 4.45 Viertel vor fünf (<u>fiir</u>-tel foor funf) 5.00 fünf Uhr (funf ouour).

R 1 Jusq'à la demie on utilise la préposition *nach* et on compte *par rapport à l'heure passée.*
   2 Le quart se dit Viertel.
   3 Pour indiquer la demie on compte par rapport à l'heure de venir.
   4 Au-delà de la demie on utilise *vor* et compte *par rapport à l'heure suivante.*

Pour indiquer les horaires officiels la règle est la même qu'en français. On indique l'heure puis les minutes:
4.10 vier Uhr zehn (fiir ouour tséén)

R À la question 'à quelle heure / um wie viel Uhr' ou 'quand / wann' on répond par **um** + l'heure.
E Tu viens à quelle heure / um wie viel Uhr kommst du?
   Je viens à dix heures / ich komme **um** zehn Uhr.

16

Où est la gare / Wo ist der Bahnhof?

Lieu: Munich
un touriste T, une passante P

T Pardon, Madame. Entschuldigung, meine Dame (ént-<u>shoul</u>-digoungk <u>maï</u>-ne <u>daa</u>-me). Où est la gare? Wo ist **der** Bahnhof (voo ist dèèr <u>baan</u>-h'oof)?

P   Au centre de la ville. **Im** Stadtzentrum (im <u>shtat</u>-tsén-troum).

T Je peux m'*y* rendre à pied? Kann ich zu Fuß *dorthin* gehen (kan ich tsou fouous <u>dort</u>-h'in <u>gué</u>-h'en)?

P Ce n'est pas possible, parce que c'est trop loin. Das ist nicht möglich, weil es zu weit ist (daas ist nicht <u>meueug</u>-lich vaïl es tsou vaït ist). La gare est à une distance de dix kilomètres d'ici Der Bahnhof ist 10 km von hier entfernt (dèèr <u>baan</u>-h'oof ist tséén kilo-<u>méé</u>-tèr fon h'iir ent-<u>fèrnt</u>).

T Comment est-ce que je peux *aller* à la gare? Wie kann ich **zum** Bahnhof *fahren* (vii kan ich tsoum <u>baan</u>-h'oof <u>faa</u>-ren)?

P Pour aller à l'arrêt d'autobus vous devez aller toujours tout droit jusqu'aux feux de signalisation, puis tourner à droite et prendre la deuxième à droite. Um **zur** Bushaltestelle zu kommen müssen Sie immer geradeaus gehen bis zur Ampel, dann rechts abbiegen und **die** zweite Straße rechts nehmen (oum tsuur <u>bous</u>-h'altéshtélle tsou <u>ko</u>-men <u>mu</u>-sen sii <u>i</u>-mer guéraade-<u>aos</u> <u>gué</u>-h'en bis tsouour <u>am</u>-pel dan rèchts <u>ab</u>-biiguen ound dii <u>tsvaï</u>-te <u>shtraa</u>-se rèchts <u>néé</u>-men). Pour aller à la station de métro vous devez *traverser* cette place, puis aller tout droit jusqu'au croisement et tourner à gauche. Um zur Metrostation zu kommen müssen Sie diesen Platz *überqueren*, dann geradeaus gehen bis zur Kreuzung und links abbiegen (oum tsouour <u>métro</u>-shtatsion tsou <u>ko</u>-men <u>mu</u>-sen sii <u>dii</u>-zen plats uubèr-<u>kvéé</u>-ren dan gue-raade-<u>aos</u> <u>gué</u>-h'en bis tsouour <u>kroï</u>-tsoungk ound links <u>ab</u>-biiguen).

T Quel métro va à la gare? Welche Untergrundbahn fährt zum Bahnhof (<u>vél</u>-che <u>oun</u>-tèr-groundbaan fèèrt tsoum <u>baan</u>-h'oof)?

P Vous devez *prendre* le métro U2. Sie müssen die U-Bahn U2 *nehmen* (sii <u>mu</u>-sen dii <u>ouou</u>-baan ou tsvaï <u>néé</u>-men).

T Combien d'arrêts y a-t-il jusqu'à la gare? Wie viele Haltestellen sind es bis zum Bahnhof (wii <u>fii</u>-le <u>h'alte</u>-shté-len sind és bis tsoum <u>baan</u>-h'oof)?

P Je suis désolée; je *ne* le sais *pas*. Es tut mir leid; ich weiß es *nicht* (es touout miir laïd ich vaïs es nicht).

T Cela *ne* fait *rien*, merci. Das macht *nichts*, danke (daas macht nichts <u>dan</u>-ke).

Question 1 (Q1): **der** quel genre? **Réponse 1 (R1)**: chapitre (C) 2
Q2: **im** quelle contraction? **R2**: C2 **Q3**: **zum** quelle contraction? **R3**: C2 **Q4**: **zur** quelle contraction? **R4**: C2 **Q5**: **die** quel cas? **R 5**: C2

Apprenez s.v.p. les mots soulignés de <u>boire</u> à <u>citron</u>.

Troisième chapitre

Les noms

E L'allemand et la Française aiment le pays natal.

Der **D**eutsche und die **F**ranzösin lieben das **H**eimatland.

R Il y a trois genres en allemand:

Le masculin (der **D**eutsche)

Le féminin (die **F**ranzösin)

Le neutre (das **H**eimatland)

Tous les noms commencent par une **majuscule**.

F Règles sur le genre du substantif

<u>Masculin</u>: Les noms relatifs à des personnes de sexe masculin. Les noms de voitures.

E Le journaliste rend compte de la carrière du doctorant au producteur et au président.

Der Journal**ist** berichtet über die Karriere vom Doktor**and** zum Fabrik**ant** und Präsid**ent**.

Noms avec la terminaison: **-ist**, **-and**, **-ant**, **-ent**.

<u>Féminin</u>: Les noms relatifs à des personnes de sexe féminin. Les chiffres (die Vier).

E Il va à la bibliothèque, achète un journal et s'informe sur la possibilité de guérir sa maladie par la science médicale.

Er geht in die Bücher**ei**, kauft eine Zeit**ung** und informiert sich über die Möglich**keit**, seine Krank**heit** durch die medizinische Wissen**schaft** zu heilen.

Les noms en **-ei**,**-ung**, **-keit**, **-heit**, **-schaft**.

19

Neutre:

E L'enfant apprend d'abord la langue, plus tard les lettres.

Das Kind lernt zuerst die Sprache, später die Buchstaben.

R Les êtres jeunes (das Kind), les langues (das Deutsch), les lettres (das B)
les couleurs (le bleu/das Blau), les diminutifs en **-lein** et **-chen** (la demoiselle / das Fräu**lein**, la fille / das Mäd**chen**).

F <u>Marques du pluriel</u>

E Les autos roulent par les rues. Les conductrices voient par les fenêtres des étangs.

Die Autos (1) fahren über die Straßen (2). Die Fahrerinnen (3) sehen durch die Fenster (4) die Teiche (5).

R 1 **-s** (Auto > Auto**s**) pour les noms d'origine étrangère.

2 **-n** (Straße > Straße**n**)
ou **en**: pour les noms féminins en **-ei**, **-ung**, **-keit**, **-heit**, **-schaft**.

3 **-nen** (Fahrerin > Fahreri**nnen**) pour les noms féminins terminés en -in.

4 (Fenster > Fenster) Le nom au pluriel reste inchangé.

<u>Moyen mnémotechnique</u>:

La demoiselle porte un manteau. La fille porte un pullover et un enfant sur le dos. Das Fräu**lein** trägt einen Mant**el**. Das Mäd**chen** trägt einen Pullov**er** und ein Kind auf dem Rück**en**.

Le nom au pluriel reste inchangé:

pour les diminutifs **-lein** et **-chen**

pour la plupart des noms en **-el**, **-er**, **-en**.

5 **-e** (Teich > Teich**e**) pour beaucoup de noms monosyllabiques.

Noms composés

Nom + nom: Charter + Flug > Charterflug (vol charter) (**R25**). Verbe + nom: liegen + Wagen > Liegewagen (wagon couchettes) (**R 8**). Adjectif + nom: halb + Pension > Halbpension (demi-pension). Adverbe + nom: zusammen + Arbeit > Zusammenarbeit (coopération).
Le genre et la terminaison s'accordent avec le dernier élément du mot composé:
Der Eintritt + **die** Karte > **die** Eintrittskarte.

F Noms de profession

R Profession masculine + **-in** > profession féminine: Journalist + **-in** > Journalist**in**.
Certains noms de profession masculins et féminins se terminent par -mann ou -frau.

E Der Geschäftsmann (homme d'affaires), die Geschäftsfrau (femme d'affaires) pl: die Geschäftsleute.

F Mots 'Faux jumeaux'

Faux jumeaux': mots qui sont écrits presque de la même façon en français et en allemand et qui ont la même signification.

l'alcool	der Alkohol (<u>al</u>-koh'ool)
annuler	annullieren (anou-<u>lii</u>-ren)
l'apéritif	der Aperitif
le balcon	der Balkon (bal-<u>koon</u>)
la banque	die Bank
la bière	das Bier (biir)

Les jours de la semaine

lundi	Montag <u>mon</u>-taagk
mardi	Dienstag <u>diins</u>-taagk
mercredi	Mittwoch <u>mit</u>-voch
jeudi	Donnerstag <u>do</u>-nèrs-taagk
vendredi	Freitag <u>fraï</u>-taagk
samedi	Samstag <u>sams</u>-taagk
dimanche	Sonntag <u>son</u>-taagk

Les mois

janvier	Januar <u>ia</u>-nouar
février	Februar <u>fé</u>-brouar
mars	März mèrts
avril	April a-<u>pril</u>
mai	Mai maï
juin	Juni <u>iouou</u>-nii
uillet	Juli <u>iouou</u>-lii
août	August ao-<u>goust</u>
septembre	September sep-<u>tém</u>-ber
octobre	Oktober ok-<u>too</u>-ber
novembre	November no-<u>fém</u>-ber
décembre	Dezember dé-<u>tsém</u>-ber

Les saisons

printemps	Frühling <u>fruu</u>-ling
été	Sommer <u>so</u>-mer
automne	Herbst h'èrbst
hiver	Winter <u>win</u>-ter

La grève / Der Streik

Lieu: La gare de Munich
un touriste T, un employé E

T (devant le guichet / vor dem Schalter)
À quelle heure part le prochain train pour Berlin? Um wie viel Uhr fährt der nächste Zug nach Berlin (oum vii fiil ouour fèèrt dèr nèk-ste tsouougk nach bèr-<u>liin</u>)?

E Je *ne* le sais *pas*. Ich weiß es *nicht* (ich vaïs és nicht). Au lieu de l'horaire nous avons depuis hier une grève. An Stelle des Fahrplans haben wir seit gestern **einen** Streik (an <u>sté</u>-le des <u>faar</u>-plaans h'<u>aa</u>-ben wiir saït <u>gué</u>-stèrn <u>aï</u>-nen shtraïk).

T De quel quai part le train? Von welchem Bahnsteig fährt der Zug ab (fon <u>vél</u>-chem <u>baan</u>-staïg fèèrt dèèr tsouougk ab)?

E Du quai six. Von Bahnsteig **sechs** (fon <u>baan</u>-staïg séks).

T Est-ce que je dois changer de train? Muss ich umsteigen (mous ich <u>oum</u>-shtaïguen)?

E Vous devez changer à Göttingen. Sie müssen in Göttingen umsteigen (sii <u>mu</u>-sen in <u>gueut</u>-inguen <u>oum</u>-staïgen).

T Je prendrai ma correspondance pour Berlin? Werde ich Anschluss nach Berlin haben (<u>vèr</u>-de ich <u>an</u>-shlous nach bèr-<u>liin</u> h'<u>aa</u>-ben)?

E Oui. Ja (iaa)

T Combien de temps dure le voyage? Wie lange dauert die Fahrt (vii <u>lan</u>-gue <u>dao</u>-ert dii faart)?

E Normalement cinq heures, mais aujourd'hui *par suite de* la grève huit heures. Normaler-weise fünf Stunden, aber heute *als Folge des*

23

Streiks acht Stunden (nor-<u>ma</u>-lèr-vaïse funf
<u>shtoun</u>-den <u>aa</u>-bèr <u>h'oï</u>-te als <u>fol</u>-gue des
shtraïks acht <u>shtoun</u>-den).
T Il y a un wagon couchettes? Gibt es einen
Liegewagen (guibt és <u>aï</u>-nen <u>lii</u>-gue-<u>vaa</u>-
guen)?
E Oui, mais *à cause de* la grève seulement
jusqu'à Göttingen. Ja, aber *wegen* des Streikes nur bis Göttingen (iaa <u>aa</u>-ber <u>vèè</u>-guen
dés <u>straï</u>-kes nouour bis <u>gueu</u>-tin-guen).
T Je voudrais réserver un coin fenêtre et une
couchette. Ich möchte einen Fenster- und
Liegeplatz reservieren (ich <u>meuch</u>-te <u>aï</u>-nen
<u>fén</u>-stèr ound <u>lii</u>-gueplats résèr-<u>vii</u>-ren). Un
billet en deuxième classe, aller - retour, le re-
tour sans grève, s'il vous plaît. Eine Fahrkarte in der zweiten Klasse, hin und zurück, die
Rückfahrt bitte ohne Streik (<u>aï</u>-ne <u>faar</u>-karte
in dèèr <u>tsvaï</u>-ten <u>kla</u>-se h'in ound tsou-<u>ruk</u> dii
<u>ruk</u>-faart <u>bi</u>-té <u>oo</u>-ne shtraïk).

Q6: **einen** quel genre, cas? **R6**: C2
F **Q7**: **sechs** nombre ordinal et fractionnaire?
R7: C2
Q8: **Liegewagen** quels sont les éléments du
mot composé? **R8**: C3

**Apprenez s.v.p. les mots soulignés de <u>clef</u> à
<u>étage.</u>**

24

Quatrième chapitre

Les adjectifs

E La mère française aime le père allemand et les belles filles.
Die französische Mutter liebt den deutschen Vater und die schönen Töchter.

R Les adjectifs ont différentes terminaisons selon le genre, le cas et le nombre du nom.
Les adjectifs précèdent le nom qu'ils qualifient. (R12)

E Il regarde la belle fille / les belles filles.
Er betrachtet die schöne Tochter / die schönen Töchter.

R Comme en français l'adjectif s'accorde avec le nom.

E La fille est belle. Les filles sont belles.
Die Tochter *ist* **schön.** Die Töchter *sind* **schön.**

R L'adjectif *introduit par un verbe situé après le nom* **ne s'accorde pas avec le nom.**

Les comparatifs et les superlatifs

E B est aussi belle que A. B ist **so** schön **wie** A.
Comparatif d'égalité: **so** + adjectif + **wie**
C est plus belle que B. C ist schön**er als** B.
Comparatif de supériorité: adjectif + **er** + **als**
C est moins belle que D. C ist **nicht so** schön **wie** D. Comparatif de non - égalité: **nicht so** + adjectif + **wie**
D est la femme la plus belle et la plus interessante. D ist die schön**ste** und interessant**este** Frau. Le superlatif: adjectif + **ste** ou **-este**

F Les adjectifs courts qui contiennent a, o, u reçoivent un **Umlaut** au comparatif et superlatif, par exemple:
lang (long), länger, der Längste
jung (jeune), jünger, der Jüngste
Pour faciliter la prononciation on peut intercaler ou élider un ‚e' par exemple: kalt (froid) kälter der kältste > kälteste, teuer (cher) teuerer > teu(e)rer > teurer.

Adverbes

E Nicole est élégante. Elle s'habille élégamment.
Nicole ist **elegant**. Sie kleidet sich **elegant**.

R **En allemand la plupart des adjectifs sont utilisables comme adverbes**.

F Comparaison de l'adverbe

E élégamment   plus élégamment   le plus élégamment / elegant   eleganter   **am** elegant**esten**.

R L'adverbe superlatif est formée en ajoutant le suffixe **-sten** ou **-esten** et en préfixant la particule **am**.

Comparatifs et superlatifs irréguliers

gern (volontiers) lieber (<u>lii</u>-ber) am liebsten (<u>liib</u>-sten)
gut (bien) besser (<u>bé</u>-ser) am besten (<u>bé</u>-sten)
viel (beaucoup) mehr (méér) (**R 28**) am meisten (<u>maï</u>-sten)
oft (souvent) öfter (<u>euf</u>-ter) am häufigsten (<u>h'oï</u>-figsten)

26

hoch (haut) höher (h'eueu-er) am höchsten (h'euk-sten)
nah (près) näher (nèè-er) am nächsten (nèk-sten) (R 9)
groß (grand) größer (greueu-ser) am größten (greueu-sten)

Tableau 3: Déclinaison de l'adjectif avec l'article défini

	N	A	D	G
m	der	...	....	....
	schöne	schön ...	schön ...	schön ...
	Mann	....	....	Mann ...
f	die	die	....	....
	schöne	*schöne*	schön ...	schön ...
	Frau	Frau	....	....
n	das	das	....	....
	schöne	*schöne*	schön ...	schön ...
	Mädchen	Mädchen		Mädchen ..
	die	die	....	....
pl	schön ...	schön ...	schön ...	schön ...
	Töchter	.....	Töchter ...	.....

Moyen mnémotechnique:
Le bel homme pense: en regardant le miroir la belle femme voit la belle femme, la belle fille voit la belle fille.
Der **schöne** Mann denkt: den Spiegel betrachtend sieht die *schöne* Frau die *schöne* Frau, sieht das *schöne* Mädchen das *schöne* Mädchen.
Les articles (der, das, die) montrent le genre de l'adjectif. Pour cela il n'est pas nécessaire que la

27

terminaison de l'adjectif indique le genre. Tous les adjectifs ont la même terminaison: -e.

Remplissez le tableau 3 selon les règles 1-3:
Règle 1: Déclinaison de l'article défini (Voir tableau **15, C10**).
Règle 2: les adjectifs reçoivent la terminaison-en. (**R 30**)
Règle 3: Les noms sont identiques. Exceptions: au génitif (m n): pour la plupart terminaison -es (des Mannes) ou -s (des Mädchens).
Les noms pluriels datifs ont toujour la terminaison -n.

Tableau 4: Déclinaison de l'adjectif avec l'article indéfini

	N	A	D	G
	ein	ein....	ein ...	ein ...
m	**schöner**	schön ...	schön ...	schön ...
	Mann	Mann	Mann	Manne**s**
	eine	eine	ein ...	ein ..
f	***schöne***	*schöne*	schön ...	schön ...
	Frau	Frau	Frau	Frau
	ein	ein	ein ...	ein ...
n	***schönes***	*schönes*	schön ...	schön ...
	Mädchen	Mädchen	Mädchen	Mädchen**s**
pl	***schöne***	*schöne*	schön ...	schön ...
	Frauen	Frauen	....	Frauen

Moyen mnémotechnique:
Un bel homme pense: en regardant un miroir une belle femme voit une belle femme, une belle fille voit une belle fille, des belles femmes voient des belles femmes.

28

Ein **schöner** Mann denkt: einen Spiegel betrachtend sieht eine *schöne* Frau eine *schöne* Frau, sieht ein **schönes** Mädchen ein *schönes* Mädchen, sehen **schöne** Frauen *schöne* Frauen.

L'article 'ein' ne montre pas le genre de l'adjectif. Pour cela il est nécessaire que la terminaison de l'adjectif indique le genre. La terminaison -**er** (schön**er**) indique le genre **masculin**, la terminaison -**es** (schön**es**) indique le genre **neutre**.

Remplissez le tableau 4 selon les règles 1- 2:
Règle 1: Déclinaison de l'article indéfini: ein + **les deux dernières lettres de l'article défini.**
Voir tableau **15, C 10**, numéro 1.
Règle 2: les adjectifs avec l'article indéfini reçoivent comme les adjectifs avec l'article défini la terminaison -**en**. (**R 41**)
Exceptions:
1. au G pl terminaison -**er**, par exemple: die Fotos schön**er** Frauen / les photos de belles femmes.

F Déclinaison quand l'adjectif n'est pas précédé d'un article.

Règle: les adjectifs avec l'article indéfini et les adjectifs sans article sont identiques.
Exception: Remplacez au datif et en genre féminin du génitif la dernière lettre de l'adjectif **par la dernière lettre de l'article indéfini:**
einem schönen > schöne**m**, einer schönen > schöne**r**.

Salutation et prendre congé

Lieu: Hôtel Ritz à Paris
une Allemande P, un Français C

C Bonjour, comment allez-vous. Guten Tag, wie
   geht es Ihnen (<u>gouou</u>-ten taagk vii guéét és <u>ii</u>-
   nen)?
P Très bien, merci, et vous. Sehr gut, danke,
   und Ihnen (sèèr gouout <u>dan</u>-ke ound <u>ii</u>-nen)?
C Je m'appelle Coq. Ich heiße Hahn (ich <u>h'aï</u>-se
   h'aan). Comment vous appelez-vous? Wie
   heißen Sie (vii <u>haï</u>-sen sii)?
P Je m'appelle Poule. Ich heiße Henne (ich <u>haï</u>-
   se <u>h'é</u>-ne).
C Enchanté. Sehr erfreut (sèèr èr-<u>froït</u>). Vous
   êtes *d'où*? *Woher* kommen Sie (vo-<u>h'èèr</u> <u>ko</u>-
   men sii)?
P Je viens de l'Allemagne. Ich komme aus
   Deutschland (ich <u>ko</u>-me aos <u>doïtsh</u>-land) ...
   Je suis désolée, mais je dois partir maintenant.
   Es tut mir leid, aber ich muss jetzt gehen (és
   touout miir laïd <u>aa</u>-ber ich mous iétst <u>gué</u>-
   h'en).
 C Au revoir, madame Poule, et bon retour en
    Allemagne. Auf Wiedersehen, Frau Henne
    und gute Heimfahrt nach Deutschland (aof
    <u>wiider</u>-sèh'en frao <u>h'é</u>-né ound <u>gouou</u>-te
    h'<u>aïm</u>-faart nach <u>doïtsh</u>-land).

30

La panne / Die Panne

Lieu: Berlin
un touriste T, une passante P, employé E,
mécanicien M

T Pardon, où se trouve le garage le plus proche?
   Entschuldigung, wo befindet sich die **nächste**
   Werkstatt (ent-<u>shoul</u>-digoungk voo be-<u>fin</u>-det
   sich dii <u>nèk</u>-ste <u>vèrk</u>-shtat)?
P (en riant / lachend) Exactement derrière vous.
   Genau hinter Ihnen (gué-<u>nao</u> h' in-tèr <u>ii</u>-nen).
E Bonjour, qu'est-ce qu'il y a? Guten Tag, was
   gibt es (<u>gouou</u>-ten taagk vaas guibt és)?
T Je suis en panne. Ich habe **eine** Panne (ich
   h'<u>aa</u>-bé <u>aï</u>-né <u>pa</u>-né). Pourriez-vous vérifier
   ma voiture? Könnten Sie mein Auto überprü-
   fen (<u>keun</u>-ten sii maïn <u>ao</u>-too ubèr-<u>pruu</u>-fen)?
   Elle s'est arrêtée et *ne* démarre *plus*. Es hat
   angehalten und fährt *nicht mehr* (és h'at <u>an</u>-
   guéh'alten ound fèèrt nicht méér).
E Où s'est-elle arrêtée? Wo hat es angehalten
   (voo h'at és <u>an</u>-guéh'alten)?
T Exactement devant le garage. Genau vor **der**
   Werkstatt (gué-<u>nao</u> foor dèèr <u>vèrk</u>-shtat).
E Bravo, c'est une bonne voiture. Bravo, das ist
   ein **gutes** Auto (<u>bra</u>-voo daas ist aïn <u>gouou</u>tes
   <u>ao</u>-too). S'il vous plait la clef de la voiture.
   Bitte den Autoschlüssel (<u>bi</u>-te déén <u>ao</u>-too-
   shlu-sel). Pendant que mon mécanicien   contrôle la voiture, vous pouvez boire un café.
   Während mein Mechaniker das Auto kontrol-
   liert, können Sie einen Kaffee trinken (<u>wèè</u>-
   rend maïn mé-<u>cha</u>-nikèr daas <u>ao</u>-too kontro-
   <u>liirt</u> <u>keu</u>-nen sii <u>aï</u>-nen <u>ka</u>-féé trinken).

31

Le mécanicien retourne après 3 minutes. Der
Mechaniker kommt nach 3 Minuten zurück.

T Pourquoi est-ce que la voiture *ne* démarre
plus? Warum springt das Auto *nicht mehr* an
(va-<u>roum</u> shpringt daas <u>ao</u>-too nicht méér
an)?

M Devinez un peu. Raten Sie ein wenig (<u>raa</u>-ten
sii aïn <u>véé</u>-nigk).

T Le démarreur *ne* fonctionne *pas?* Funktioniert
der Anlasser *nicht* (founktsio-<u>niirt</u> dèèr <u>an</u>-
laser nicht)?

M Non. Nein (naïn)

T La batterie est à plat? Ist die Batterie leer (ist
dii bate-<u>rii</u> lèèr)?

M Non, le réservoir d'essence est vide. Nein, der
Benzintank ist leer (naïn dèèr bén-<u>tsiin</u>-tank
ist lèèr).

Q9: **nächste** quel est l'adverbe? **R9**: C4
Q10: **eine** Panne quel genre, cas? **R10**: C2
Q11: **der** quel genre, cas? **R11**: C2
Q12: **gutes** Auto règle? **R12**: C4

F <u>Termes contraires</u>

large / étroit **breit / schmal**, dehors / dedans
draußen / drinnen, premier / dernier **erster /
letzter**, libre / occupé **frei / besetzt**, tôt / tard
früh / spät, dur / mou **hart / weich,**   clair /
sombre **hell / dunkel**, chaud / froid **warm / kalt**,
ici / là **hier / dort**, haut / bas **hoch / niedrig**, en
haut / en bas **hinauf / hinunter**, facile / difficile
leicht / schwierig, léger / lourd **leicht / schwer**,

long / court **lang / kurz**, à gauche / à droite **links / rechts**, bruyant / silencieux **laut / leise**, après / avant **nach / vor**, proche / lointain **nah / fern**, dessus / dessous **darauf / darunter**, ouvert / fermé **offen / geschlossen**, juste / faux **richtig / falsch**, rapide / lent **schnell / langsam**, beau / laid **schön / hässlich**, fort / faible **stark / schwach,** doux / acide **süß / sauer**, noir / blanc **schwarz / weiß.**

F Mots 'Vrais jumeaux'

die Million (mi-li-<u>oon</u>) die Minute (mi-<u>nouou</u>-te)
die Mode (<u>moo</u>-de)   der Moment (mo-<u>ment</u>)
das Motel (<u>mo</u>-tèl)   die Nation (na-tsi-<u>oon</u>)
normal (nor-<u>maal</u>)   die Olive (o-<u>lii</u>-ve)
die Orange (o-<u>ran</u>-she)   die Panne (<u>pa</u>-né)
das Papier (pa-<u>piir</u>)   der Patient (pa-tsi-<u>ent</u>)
die Pension (pén-si-<u>oon</u>)   das Photo (<u>fo</u>-too)
der Plan (plaan)   die Portion (por-tsi-<u>oon</u>)
das Rendezvous   die Sandale (san-<u>daa</u>-le)
die Sauce (<u>soo</u>-sé)   der Service (<u>sèr</u>-vis)
die Serviette (sèr-vi-<u>é</u>-té) das Signal (sig-<u>naal</u>)
der Sport (shport)   die Station (shta-tsi-<u>oon</u>)
die Tante (<u>tan</u>-té)   der Tarif (ta-<u>riif</u>)
die Tomate (to-<u>maa</u>-té)   das Taxi (<u>ta</u>-xi)
das Tennis (<u>té</u>-nis)   die Terrasse (tè-<u>ra</u>-sé)
der Transport (trans-<u>port</u>) der Tunnel (<u>tou</u>-nel)
die Tube (<u>touou</u>-be)   die Vanille (va-<u>ni</u>-lé)

Apprenez s.v.p. les mots soulignés d'<u>être</u> à <u>heure</u>.

Cinquième chapitre

Verbes réguliers

R   À l'infinitif les verbes (réguliers ou irréguliers) se terminent par **-en** ou **n**, par exemple: lern**en** / apprendre, wander**n** / faire de la marche.
Si on enlève la terminaison de l'infinitif on obtient le radical du verbe: lern**en** > lern(**en**) > **lern-** wander**n** > **wander-**

R   Le présent de l'indicatif se forme comme suit: radical du verbe + **terminaisons du présent**.

R1 Le radical d'un verbe régulier reste inchangé pour tous les sujets et tous les temps.

Conjugaison du présent

E   apprendre / lernen,

sujet	radical	terminaison
je / ich (ij)	lern	**-e**
tu / du (duu)	…..	**-st**
il / er (èèr)	…..	**-t**
elle / sie (sii)	…..	**-t**
il,elle (neutro) (ées)	…..	**-t**
nous wir (viir)	…..	**….**
vous / ihr (iir)	…..	**….**
ils/elles / sie (sii)	…..	**….**

Complétez la conjugaison selon les règles
R 1 > R 2 > R3

R2 L'infinitif et la première et troisième personne du pluriel indicatif sont égaux.

R3 La 3e personne du sg et la 2e personne du pl sont égales.

34

F Il y a des verbes qui ajoutent après le radical un **e** à la 2e et 3e personne du sg et à la 2e personne du pl pour faciliter la prononciation, par exemple:
respirer / atmen: du atm-st > atm-**e**-st
travailler / arbeiten: er arbeit-t > arbeit-**e**-t
baigner / baden: ihr bad-t > bad-e-t

Le préterit

R La 1. personne du prétrit sg se forme comme suit: *radical de l'infinitif* + **te**
lernen > lern(en) > *lern* > ich *lern***te**

Conjugaison du prétérit

E J'apprenais le français à Paris.
Nicole apprenait l'allemand à Munich.
Ich **lernte** Französisch in Paris.
Nicole **lernte** Deutsch in München.

R1 La 1. et la 3. personne du prétérit indicatif sont égales. Chaque fois que la 1. et 3. personne sg du prétérit indicatif sont égales dans un vebe régulier ou irrégulier, la règle suivante s'appliquie:

R2 La 1. et la 3. personne pl du prétérit indicatif sont aussi égales.

R3 La conjugaison du prétérit indicatif est formée comme suit:
1. personne du prétérit indicatif sans sujet, par exemple 'ich lernte > **lernte**' (reste également pour tous les sujets)
+ *terminaisons: -st > -en > -t (ee > e)*

35

E ich **lernte** / j'apprenais

ich,er,sie,es	**lernte**
du	**lernte** - *st*
wir, sie	**lernte** - *en* > lernt*en*
ihr	**lernte** - *t*

Pour faciliter la prononciation il faut ajouter un **e** intercalaire, par exemple: ouvrir / öffn-en
ich/er/sie/es öffn-**te** > öffn-**e**-**te**

Verbes irréguliers

Définition: Les verbes irréguliers sont ceux dans lesquels, au prétérit, le vocalisme du radical change.

R1 L'infinitif et la 1re et 3e personne du pl de l'indicatif présent sont *égales*.

(Exception: sein, sind, sind)

Verbes avec altération vocalique

R2 La voyelle du radical est modifiée à la 2e et 3e personne du sg:
a > **ä**, e > **i** ou **ie**, o > **ö**

Tableau 5: <u>Conjugaison: verbes avec altération vocalique</u>

fahren / aller *geben* / donner *lesen* / lire *stoßen* / pousser

a > **ä**	e > **i**	e > **ie**	o > **ö**
ich fahre	ich gebe	ich lese	ich stoße
du f...hrst	du g...bst	du l...st	du st...ßt
er f...hrt	er g...bt	er l...st	er st...ßt
wir ...	wir	wir	wir ....
ihr fahrt	ihr gebt	ihr lest	ihr stoßt
sie ...	sie	sie	sie ....

Complétez la conjugaison selon les règles R2,R1

36

F Le prétérit des verbes irréguliers

E A Paris j'ai donné un bracelet à Nicole.
In Paris **gab** ich Nicole ein Armband. Elle m'a donné un baiser. Sie **gab** mir einen Kuss.

R **La 1. et la 3. personne sg sont égales** (voir verbes irréguliers **C10,** pages 88-91).

Tableau 6: <u>Conjugaison du prétérit</u>
ich gab / je donnais, ich ging / j'allais, ich riet / je conseillais, ich fuhr / j'allais

ich,er,sie,es	**gab**	**ging**	**riet**	**fuhr**
du	**gab**-*st*	**ging**-*st*	**riet**- ...	**fuhr**- ...
wir, sie	**gab**- ...	**ging**- ...	**riet**- ...	**fuhr**- ...
ihr	**gab**- ...	**ging**-*t*	**riet**-*et*	**fuhr** -*t*

Complétez les conjugaisons avec les terminaisons -*st* -*en* -*t*

Verbes auxiliaires (haben, sein, werden)

<u>Conjugaison du présent indicatif</u>

haben (avoir) sein (être) werden (devenir)

Präsens	ich	habe	bin	werde
présent	du	hast	bist	wirst
	er/sie/es	hat	ist	wird
	wir	haben	**sind**	werden
	ihr	habt	seid	werdet
	sie	haben	**sind**	werden

E A Paris j'étais heureux a cause du baiser.
Nicole était heureux a cause du bracelet.
In Paris **war** ich glücklich wegen des

37

Kusses. Nicole **war** glücklich wegen des Armbands

R La première et troisième personne sg du prétérit sont **égales**.

Tableau 7: Conjugaison du prétérit

Ich war / j'étais ich hatte / j'avais ich wurde / je devenais

ich,er,sie,es **war**	**hatte**	**wurde**
du **war** -*st*	**hatte**-*st*	**wurde**-*st*
wir, sie **war**-*en*	**hatt(e)** -*en*	**wurd(e)** -*en*
ihr **war** -t	**hatte** -t	**wurde** -t

Verbes de modalité

dürfen / pouvoir, **können** savoir , **wollen** / vouloir, **mögen** / aimer, **müssen** être obligé de faire, **sollen** / devoir.

Moyen mnémotechnique:

J'espère que nous pouvons faire ce que nous savons et voulons et que nous aimons bien ce que nous sommes obligés de faire ou que nous devons faire.

Ich hoffe, dass wir das tun *dürfen*, was wir tun *können* und tun **wollen** und dass wir das *mögen*, was wir tun *müssen* oder tun *sollen*. (**R15**)

E Je veux faire un voyage à Munich. Ich **will** eine Reise nach München **machen**.

R Dans la phrase principale **l'infinitif** occupe la

dernière position de la phrase.
E Nicole dit qu'elle veut faire un voyage à Paris. Nicole sagt, dass sie eine Reise nach Paris **machen will**.
R Dans la phrase secondaire, le **verbe modal** conjugué est placé **après l'infinitif**.
R Les verbes de modalité peuvent être utilisés sans deuxième verbe, quand le contexte est clair.
E Je dois rentrer chez moi. Ich muss nach Hause.

Tableau 8: <u>Conjugaison des verbes de modalité (présent indicatif)</u>

dürfen, können, mögen, müssen, sollen

ich,er,sie,es	darf	kann	mag	muss	soll
du		darfst	kannst	magst	musst	sollst
wir / sie	…….....	…….		…………	…….	…….
ihr		dürft	könnt	mögt	müsst	sollt

Complétez la conjugaison selon la règle suivante:
R L'infinitif et la 1. et 3. personne du pl du présent indicatif sont égaux.

F <u>Der Konjunktiv II</u>

R Les verbes auxiliaires (être, avoir, devenir) et les verbes de modalité ont leurs propres formes du Konjunktiv II.

La formation du Konjunktiv II

verbe	prétérit + Umlaut >	Konjunktiv II
können	konnte	ich könnte/<u>pourrais</u>
dürfen	durfte	ich dürfte
mögen	mochte	ich möchte
müssen	musste	ich müsste
haben	*hatte*	*ich hätte*
werden	*wurde*	*ich würde*

<u>Exceptions:</u>

sein	*war*	*ich* wäre
sollen	sollte	ich sollte
wollen	wollte	ich wollte

Conjugaison du Konjunktiv II
 (verbes de modalité et verbes auxiliaires)

R La conjugaison est formée comme suit:
1. **personne sg du Konjunktiv II sans sujet** + *terminaisons -st -en -t (ee > e).*
(R23)

Tableau 9: <u>Conjugaison du Konjunktiv II</u>

ich,er, sie,es	**möchte**	**könnte**	**würde**
du	**möchte-***st*	**könnte-***st*	**würde-***st*
wir,sie	**möcht(e)-***en*	**könnt(e)-***en*	**würd(e)-***en*
ihr	**möchte-***t*	**könnte-***t*	**würde -***t*

Le Konjunktiv II peut exprimer:
Un *conseil:* Nicole, tu devrais acheter une nouvelle robe pour le prochain voyage. Nicole, du *solltest* für die nächste Reise ein neues Kleid kaufen.

40

Un *souhait*: J'aimerais bien d'acheter la robe à Paris. Ich *möchte* das Kleid in Paris kaufen.

Une *demande* polie: (**R 39**)
Est-ce que tu pourrais acheter la robe à Berlin?
Könntest du das Kleid in Berlin kaufen?

Konjunktiv II

R Les verbes réguliers et irréguliers forment le Konjunktiv II comme suit:
Konjunktiv II du verbe 'werden' +
l'infinitif à la fin de la phrase.

E Si j'avais beaucoup de temps, j'apprendrais beaucoup de langues et j'écrirais de nombreux cours de langues.
Wenn ich viel Zeit hätte, **würde** ich viele Sprachen **lernen** (verbe régulier) und viele Sprachkurse **schreiben** (verbe irrégulier).

F Das Futur / le futur

R Le futur se forme comme suit:
L'auxiliaire 'werden' au présent indicatif + **verbe à l'infinitif** en fin de phrase. **R 24**

E J'irai avec Nicole au concert. Ich **werde** mit Nicole ins Konzert **gehen**.

R Quand il y a un adverbe de temps qui contient déjà l'idée d'avenir, les Allemands utilisent souvent le présent pour se référer au futur, par exemple:
Demain nous irons au concert. Morgen gehen wir ins Konzert.

41

Première rencontre / Erste Begegnung

Devant un hôtel à la Corse. Près de l'entrée
deux valises. Une touriste G, un touriste T

T *Ça* vous plaît ici? Gefällt *es* Ihnen hier (gé-
f<u>è</u>lt és <u>ii</u>-nen hiir)?

G Oui, ça *me* plaît. Ja, es gefällt *mir* (iaa és gé-
f<u>è</u>lt miir).

T Vous êtes d'où? Woher sind Sie (vo-<u>h'èè</u>r
sind sii)?

G Je viens de *Nice*. Ich komme aus *Nizza* (ich
<u>ko</u>-me aos <u>ni</u>-tsa).

T Quelle surprise, moi aussi. Welche Überraschung, ich auch (<u>vél</u>-che uber-<u>ra</u>-shoungk ich
aoch). Qu'est-ce que vous faites comme tra-
vail? Was machen Sie beruflich (vaas <u>ma</u>chen
sii bé-<u>rouf</u>-lich)?

G Je fais des études. Ich studiere (ich shtou-<u>dii</u>-
re).

T Moi aussi. Ich auch (ich aoch). Je m'appelle
Tim (ich <u>h'aï</u>-se Tim).

G (en souriant / lächelnd) Enchantée. Sehr erfreut (sèèr èr-<u>froït</u>).

T Comment vous appelez-vous? Wie heißen
Sie (vii <u>h'aï</u>-sen sii)?

G Je m'appelle Giselle. Ich heiße Giselle (ich
<u>h'aï</u>-se gisèl)

T *Vous avez trouvé* un bon hôtel? *Haben Sie* ein
gutes Hotel *gefunden* (<u>h'aa</u>-ben sii aïn <u>gouou</u>-
tes h'o-<u>tèl</u> gué-<u>foun</u>-den)?

G   Oui, cet hôtel. Ja, dieses Hotel (iaa <u>dii</u>-zes
h'o-<u>tèl</u>).

T Je suis aussi dans cet hôtel. Ich bin auch in
diesem Hotel (ich bin aoch in <u>die</u>-zem

42

h'o-<u>tèl</u>). Vous êtes *ici* avec la famille? Sind Sie mit der Familie *hier* (sind sii mit dèèr fa-<u>mii</u>-lié hiir)?

G Non, je suis seule. Nein, ich bin allein (naïn ich bin a-<u>laïn</u>)

T Moi aussi. Ich auch (ich aoch). *Je suis arrivé* avant hier. *Ich bin* vorgestern *angekommen* (ich bin <u>foor</u>-géstèrn <u>an</u>-gué-ko-men). Vous êtes arrivée *quand? Wann* sind Sie angekommen (van sind sii <u>an</u>-guékomen)?

G Il y a une semaine. Vor **einer** Woche (foor <u>aï</u>-ner <u>vo</u>-che).

T Vous restez combien de temps? Wie lange bleiben Sie (vii <u>lan</u>-gue <u>blaï</u>-ben sii)?

G Je suis en train de partir. Ich reise gerade ab (ich <u>raï</u>-se gué-<u>raa</u>-de ab). Voilà mes valises. Dort sind meine Koffer (dort sind <u>maï</u>-ne <u>ko</u>-fèr). J'attends le chauffeur de taxi pour *aller* au port Ich warte auf **den** Taxichauffeur, um zum Hafen zu *fahren* (ich <u>vaar</u>-te aof déén ta-xishofeueur oum tsoum <u>h'aa</u>-fen tsou <u>faa</u>-ren).

T C'est dommage. Das ist schade (das ist <u>shaa</u>-dé). Est-ce qu'on peut se *revoir* à Nice? **Können** wir uns in Nizza w*ieder sehen* (<u>keu</u>nen viir ouns in <u>ni</u>-tsa <u>vii</u>-der sè- h'en)? On va au cinéma? Gehen wir **ins** Kino (<u>gué</u>-h'en viir ins <u>ki</u>-no)?

G Je *ne* m'intéresse *pas* au cinéma. Ich interessiere mich *nicht* für das Kino (ich intèrè-<u>sii</u>-re mich nicht fuur daas <u>ki</u>-no).

T Ça vous dit d'aller à une discothèque? Haben Sie Lust, in eine Diskothek zu gehen (<u>h'aa</u>ben sii loust in <u>aï</u>-ne disko-<u>ték</u> tsou <u>gué</u>-hen)?

G Je n'ai pas envie d'aller à une discothèque.

43

Ich habe keine Lust, in eine Diskothek zu ge-
hen (ich <u>h'aa</u>-be <u>kaï</u>-ne loust in <u>aï</u>-ne disko-
<u>ték</u> tsou <u>gué</u>-h'en).

T De quoi vous occupez-vous dans votre temps
libre? Womit beschäftigen Sie sich in Ihrer
Freizeit (vo-<u>mit</u> bé-<u>shèf</u>-tiguen sii sich in <u>ii</u>-
rèr <u>fraï</u>-tsaït)?

G Mon hobby est l'opéra. Mein Hobby ist die
Oper (maïn <u>h'o</u>-bi ist dii <u>oo</u>-pèr).

T C'est aussi mon hobby. Das ist auch mein
Hobby (daas ist aoch maïn <u>h'o</u>-bi).Vous avez
du temps *le six septembre?* Haben Sie *am 6.*
September Zeit (<u>h'aa</u>-ben sii am <u>sék</u>-sten sép-
<u>tém</u>-ber tsaït)?

G Un moment, s'il vous plait. Einen Moment,
bitte (<u>aï</u>-nen mo-<u>ment</u> <u>bi</u>-te). Je dois regarder
mon *agenda.* Ich muss in meinem *Kalender*
nachschauen (ich mous in <u>maï</u>-nem ka-<u>lén</u>-dèr
<u>nach</u>-shaoen). Oui, *le six septembre* je suis li-
bre. Ja, *am sechsten September* bin ich frei
(iaa am <u>sék</u>-sten sép-<u>tém</u>-ber bin ich fraï).

T (prend son téléphone portable et compose un
numéro de téléphone / nimmt sein Handy und
wählt eine Telefonnummer): Allo, bonjour,
Tim Delorme à l'appareil. Hallo, guten Tag,
Tim Delorme am Apparat (<u>h'a</u>-lo <u>gouou</u>-ten
taagk tim delorm am apa-<u>raat</u>). Est-ce que je
pourrais parler à Madame Dupont? Könnte
ich mit Frau Dupont sprechen (<u>keun</u>-te ich
mit frao dupoo <u>shprè</u>-chen)? .... Qu'est-ce
qu'il y a *le six septembre* à l'opéra? Was wird
am sechsten September in der Oper gespielt
(vaas vird am <u>sék</u>-sten sép-<u>tém</u>-ber in dèèr
<u>oo</u>-pèr gué-<u>shpiilt</u>? Oh, une première. Oh, ei-
ne Premiere (oo <u>aï</u>-ne preumi-<u>èè</u>-re). Qui

44

joue le rôle principal? Wer spielt die Hauptrolle (vèèr shpiilt dii h'aopt-role)? Oh, Plácido Domingo. Il y a encore deux places? Gibt es noch zwei Plätze (ghibt és noch tsvaï plè-tsé)? Je voudrais réserver deux places au balcon. Ich möchte zwei Plätze auf dem Balkon reservieren (ich meuch-te tsvaï plè-tsé aof déém bal-koon ré-sèr-vii-ren).

G Qu'est-ce qu'on joue. Was wird gespielt (vaas vird gué-shpiilt)?

T 'Otello' de Verdi. 'Otello' von Verdi.

Q13: **einer** Woche genre et cas? **R13**: C2
Q14: **den** Taxifahrer quel cas? **R14**: C2
Q15: **können** quels sont les verbes de modalité?
R15: C5 **Q16**: **ins** quelle contraction? **R16**: C2
Q17: **am** quelle contraction? **R17**: C2

F **Q18**: **am 6. September** règle? **R18**: C2

F Mots' Faux jumeaux'

le gramme	das Gramm (gram)
le gril	der Grill (gril)
le groupe	die Gruppe (grou-pé)
informer	informieren (infor-mii-ren)
intéresser	interessieren (intèrè-sii-rén)
le café	der Kaffee (ka-fée), das Café
le calendre	der Kalender (ka-lén-dèr)
la chapelle	die Kapelle (ka-pèl-é)

Apprenez s.v.p. les mots d'hôpital à maladie.

45

Sixième chapitre

Das Perfekt

Le **Perfekt** correspond au passé composé français.

Formation: présent de l'auxiliaire **haben** ou **sein** + **participe passé du verbe** (toujours invariable).

Verbes réguliers

E   Nicole m'a embrassé sur la tour Eiffel.
    Nicole hat mich auf dem Eiffelturm **geküsst**.

R   Le participe passé se forme le plus souvent comme suit:
    ge- + radical de l'infinitif + **-t**
    embrasser / küssen: **ge** - küss **-t**
    Exception: les verbes en *-ieren* n'ont pas de **ge** et sont toujours réguliers:
    telefon*ieren* > hat telefoniert.

F   Pour faciliter la prononciation on ajoute **e** après le radical:
    parler / reden > hat ge-red - t > ge- red **-e-** t.

Verbes irréguliers
(voir C10, pages 89 - 92)

E   J'ai donné un cadeau à Nicole.
    Ich habe Nicole ein Geschenk **gegeben**.

R   Le participe passé se forme le plus souvent comme suit:
    ge- + radical + **-en**
    donner / geben: **ge-** geb **-en**

Participe passé avec l'auxiliaire **sein**

E Le matin Nicole s'est réveillée. Am Morgen **ist** Nicole aufgewacht. (1) Puis elle est allée á la salle du bain. Danach **ist** sie in das Bad **gegangen**. (2)

R **On utilise l'auxiliaire 'sein' si le verbe conjugué indique un changement d'état (1) ou un mouvement (2). (R 41)**

R On utilise l'auxiliaire **'sein'** avec les verbes: **werden** / devenir, **sein** / être, **bleiben** / rester, **begegnen** rencontrer, **geschehen** / arriver, **passieren** / se passer.
Moyen mnémotechnique:
J'ai toujours été amoureuse de Nicole et je lui suis restée fidèle. Même si j'ai rencontré des jolies femmes lors de mes voyages d'affaires, rien ne s'est passé.
Ich bin immer in Nicole verliebt **gewesen** und ich bin ihr treu **geblieben**. Auch wenn ich auf meinen Geschäftsreisen hübschen Frauen **begegnet** bin, ist nichts **passiert.**

Participe passé avec l'auxiliaire **haben**

E J'ai ouvert la porte de la salle de bain. Ich **habe** die Tür des Bads **geöffnet**. (1) Nicole s'est maquillée devant le miroir et était très bonne dans ce domaine.. Nicole **hat sich** vor dem Spiegel **geschminkt**. (2) und hat das gut gekonnt (3)

R **On utilise l'auxiliaire 'haben' pour les verbes suivis d'un accusatif (1), pour les verbes réfléchis (2) et pour les verbes de modalité (3) (R 27)**

47

Verbes composés

Les verbes composés sont constitués d'un préfixe et d'un verbe (auf - wachen / se réveiller). Un verbe composé est séparable si le préfixe est accentué (<u>auf</u> - wachen) (**R 26**) et *inséparable* si le préfixe n'est pas accentué (*be*<u>trachten</u> / regarder, sich *ver*<u>lieben</u> / tomber amoureux).

Verbes composés séparables

E   Le soir Nicole disait / am Abend sagte Nicole: 'Je me couche. Ich lege mich <u>hin</u>.' (1) Puis elle s'endormait très vite. Danach schlief sie sehr schnell <u>ein</u>. (2) Le matin elle s'est réveillée. Am Morgen ist sie <u>auf**ge**</u>wacht. (3)

R   Au présent (1) et au prétérit (2) le préfixe (<u>hin</u>, <u>ein</u>) se sépare du verbe et est rejeté en fin de phrase.
Au participe passé des verbes réguliers et irréguliers **ge** s'intercale entre le préfixe accentué (<u>auf</u>) et le radical du verbe. (3)

Verbes composés *inséparables*

E   J'ai regardé Nicole et je pensais. Ich habe Nicole *be*<u>trachtet</u> (1) und ich dachte:'Je tombais amoureux de cette femme au moment de notre premier rendez-vous. In diese Frau *ver*<u>liebte</u> (2) ich mich bei unserem ersten Rendezvous. Jour après jour je tombe amoureux encore plus. Tag für Tag *ver*<u>liebe</u> (3) ich mich noch mehr.'

R   Le participe passé ne prend pas de **ge**. (1) Le préfixe reste collé au verbe au prétérit (2) et

48

au présent (3).
Il y a seulement 8 préfixes *inséparables*.
<u>Moyen mnémotechnique</u>:
Cerbère (*zer-, be-, er-*) ***gémit*** (*ge-, miss-*) ***en***
(*emp-*) ***enfer*** (*ent-, ver*).

F <u>Le passif</u>

R On construit le passif au moyen des verbes
auxiliaires **werden** ou **sein** + *participe passé*
du verbe rejeté *en fin de phrase* (on peut
exprimer l'agent avec von + datif).
Le passif d'action marque une action en
cours et se construit avec **werden**.

E La valise est faite (par moi).
Der Koffer **wird** (von mir) *gepackt*.

R **Le passif d'état** indique une action terminée
et se construit avec **sein**.

E La valise est faite. Der Koffer **ist** *gepackt*.

Verbes irréguliers

infinitif	3ᵉ pers. sg	prétérit	auxiliaire + part.passé
gehen / aller	geht	ging	ist
gegangen			
kommen / venir	kommt	kam	ist
gekommen			
können / pouvoir	kann	konnte	hat
gekonnt			
müssen / devoir	muss	musste	hat
gemusst			
wollen / vouloir	will	wollte	hat
gewollt			
wissen / savoir	weiß	wusste	hat
gewusst			

F Der Imperativ / l'impératif

Pour former la 2. personne du sg de l'impératif,
nous utilisons l'infinitif en supprimant la terminaison -en.

E   aller / fahren > fahr! apporter / bringen >
bring! dire / sagen > sag! demander / fragen >
frag!
Si la racine du verbe se termine en -d, -t, -ig,
ou -n seul le -n est supprimé.
Moyen mnémotechnique:
Excusez, vous devez attendre jusque le magasin ouvre.
Entschuldigen Sie, Sie müssen warten, bis der
Laden öffnet.
entschuldigen > entschuldige! Warten > warte! charger / laden > lade! Öffnen / öffne!
Pour les autres personnes l'impératif se forme à
l'aide de la conjugaison du verbe, par exemple:
fahren / aller

conjugaison		impératif
wir fahren		fahren wir!
ihr fahrt > (ihr) fahrt	>	fahrt!
Sie fahren		fahren Sie!

R Les verbes qui présentent l'altération vocalique **e > i** ou **ie** gardent cette **même altération
vocalique à l'impératif**:
donner / geben: du gibst > gib!
lire / lesen: du liest > lies!
On peut utiliser l'infinitif comme *impératif*:
Fermer la porte! Die Tür *schließen*!

50

Verbes composés séparables

E partir / **los**fahren: partez! Fahren Sie **los**!
R Les préfixes séparables **se placent en bout de phrase**. (**R 44**)

F Le participe présent

E Voici Cécile et Karl dansant ensemble. Hier sind Cécile und Karl, gemeinsam tanzen**d**.
R Le participe présent se forme comme suit: infinitif + **d**: danser / tanzen + **d** > tanzen**d**
La déclinaison : > déclinaison de l'adjectif (tableau 3/4).

Der Infinitiv / l'infinitif

Si l'infinitif est précédé de la préposition 'zu', l'infinitif occupe toujours la dernière place de la proposition.

E Nous sommes heureux de faire un voyage en Allemagne.
Wir freuen uns, eine Reise nach Deutschland zu **machen**.

L'infinitif peut être introduite par **um . zu** (pour), **ohne … zu** (sans) et **statt … zu** (au lieu de).
Moyen mnémotechnique:
Je retiens les exemples pour déduire de ces exemples les règles grammaticales sans faire un effort au lieu d'apprendre les règles grammaticales par cœur avec beaucoup de peine.
Ich merke mir die Beispiele, **um** aus diesen Beispielen die Grammatikregeln abzuleiten (1),**ohne**

51

mir Mühe **zu** machen, **statt** die Grammatikregeln mit viel Mühe auswendig **zu** lernen.

(1) Dans le cas des verbes à préfixes accentués 'zu' s'intercale **entre le préfixe et le verbe**.

L'infinitif n'est pas précédé de 'zu' après les verbes de modalité (**R21**) les verbes de mouvement et après certains verbes, par exemple laisser / **lassen**, aller / **gehen**, apprendre / **lernen**, voir / **sehen**, écouter / **hören**.

<u>Moyen mnémotechnique</u>:

Nicole me donne une heure par jour pour lire. A cette heure, elle va à l'école de musique pour faire de la musique. A l'école de musique, elle apprend à jouer du piano. Chaque jour je la vois et l'écoute jouer du piano. Nicole **lässt** mich täglich eine Stunde *lesen*. In dieser Stunde **geht** sie in die Musikschule *musizieren*. In der Musikschule **lernt** sie *Klavier spielen*. Jeden Tag **sehe** und **höre** ich sie *spielen*.

La position du verbe

Karl K, Cécile C

K Quand viens tu? *Wann* **kommst** du? (1)

C Je viens après-demain. Ich **komme** übermorgen. (2)

R *Après un mot des question* (1) (**R22**) et dans les propositions indépendantes (2) (**R20**) **le verbe est en 2ᵉ position**.

K Tu as déjà acheté le billet d'avion? **Hast** *du* das Flugticket schon gekauft?

R Dans la phrase interrogative globale le verbe est **en 1ʳᵉ position** *et suivi du sujet.* (**R19**)

K Téléphone à moi après demain.
Telefonier übermorgen mit mir!

R Dans la **phrase impérative** le verbe occupe **la 1ʳᵉ position**.

K J'espère que tu as un bon vol. Ich hoffe, *dass* du einen guten Flug **hast**.

R Dans les propositions dépendantes le verbe occupe **la position finale**. Les propositions dépendantes commencent avec une *conjonction* (par exemple que / *dass*, parce que / *weil*, bien que / *obwohl*, si / *ob*).

F Mots 'Faux jumeaux'

le bureau	das Büro (bu-<u>roo</u>)
le déodorant	das Deodorant (deodo-<u>rant</u>)
direct	direkt (di-<u>rèkt</u>)
le directeur	der Direktor (di-<u>rèk</u>-toor)
le docteur	der Doktor (<u>dok</u>-toor)
la douche	die Dusche (<u>dou</u>-shé)
l'électricité	die Elektrizität (élèktritsi-<u>tèèt</u>)
l'Europe	Europa (oï-<u>roo</u>-pa)
excellent	exzellent (èxtsé-<u>lént</u>)
la famille	die Familie (fa-<u>mii</u>-lié)
fantastique	fantastisch (fan-<u>tas</u>-tish)
la forme	die Form (foorm)
le formulaire	das Formular (formou-<u>laar</u>)
fonctionner	funktionieren (founktsio-<u>nii</u>-ren)

La robe de mariée / Das Hochzeitskleid

Lieu: Une maison de confection à Nice
Giselle G, vendeuse V

V Je peux *vous* aider? **Kann ich** *Ihnen* helfen
   (kan ich ii-nen h'èl-fen)?

G Je cherche une robe de mariée. **Ich suche** ein
   Hochzeitskleid (ich souou-che aïn hochtsaïts-
   klaïd).

V Quelle taille? Welche Größe (vél-che greueu-
   se)?

G Je porte du quarante. Ich trage die Größe vierzig (ich traa-gue dii greueu-se fiir-tsigk).

V Vous pouvez *décrire* la robe que vous dési-
   rez? Können Sie das Kleid *beschreiben*,
   welches Sie wünschen (keu-nen sii das klaïd
   be-shraï-ben vél-ches sii vun-shen)?

G Je désire une robe élégante et traditionnelle.
   Ich wünsche ein elegantes und traditionelles
   Kleid (ich vun-she aïn élé-gan-tes ound tradi-
   tsio-nèl-les klaïd).

V De quelle couleur? Welche Farbe (vél-che
   far-be)?

G Je voudrais une robe blanche. Ich **möchte** ein
   weißes Kleid (ich meuch-te aïn vaï-ses klaïd).

V Celle-ci est élégante et traditionnelle, n'est-ce
   pas? Dieses hier ist elegant und traditionell,
   nicht wahr (die-zes h'iir ist élé-gant ound tra-
   ditsio-nèl nicht vaar)?

G Oui, je peux l'essayer? Ja, kann ich es anpro-
   bieren (iaa kan ich és an-probiiren)?

V Volontiers. Sehr gern (sèèr guèrn). Voici les
   cabines d'essayage. Hier sind die Ankleide-
   kabinen (hiir sind dii an-klaïdekabiinen).

54

G (est debout devant le miroir et regarde son reflet / steht vor dem Spiegel und betrachtet ihr Spiegelbild) Cela me va très bien. Das steht mir sehr gut (daas shtéét miir sèèr gouout). Cette robe est un rêve. Dieses Kleid ist ein Traum (<u>dii</u>-zes klaïd ist aïn traom). Combien coûte ce rêve? Wie viel **kostet** dieser Traum (vii fiil <u>kos</u>-tet <u>dii</u>-zer traom)?

V Deux mille Euro. Zweitausend Euro (<u>tsvaï</u>-<u>tao</u>-zend <u>oï</u>-roo).

G Quel dommage! Wie schade (vii <u>shaa</u>-de)! Je *ne* peux *pas* dépenser plus de mille Euro. Ich kann *nicht* mehr als 1000 Euro ausgeben (ich kan nicht méér als <u>taou</u>-zend <u>oï</u>-roo <u>aos</u>-guèben).

V Une minute, s'il vous plait. Eine Minute, bitte (<u>aï</u>-ne mi-<u>nouou</u>-te <u>bi</u>-te). Je vais téléphoner au *chef de rayon.* **Ich werde** mit dem *Abteilungsleiter* **telefonieren** (ich <u>vèr</u>-de mit déém ab-<u>taï</u>-loungslaïter téléfo-<u>nii</u>-ren).

*Après le coup de téléphone. Nach dem Telefongespräch.*Vous pouvez *acheter* la robe pour mille cinq cent Euro. Sie können das Kleid für 1500 Euro *kaufen* (sii <u>keu</u>-nen daas klaïd fuur <u>aïntao</u>-zendfunf-h'oun-dèrt <u>oï</u>-roo <u>kao</u>-fen).

G D'accord. Einverstanden (aïn-fèrshtanden).

Q19: kann ich règle de la position du verbe? **R19**: C6 **Q20: Ich suche** règle de la position du verbe? **R20**: C6 **Q21: beschreiben** pourquoi sans 'zu'? **R21**: C6 **Q22: kostet** règle de la position du verbe? **R22**: C6   **F Q23: möchte** conjugaison du Konjunktiv II? **R23**: C5 **Q24: ich werde … telefonieren** règle? **R24**: C5

Apprenez s.v.p. les mots de manger à orange.

Septième chapitre

Pronoms personnels

E Nicole est une Française. Elle aime la haute couture. Nicole ist eine Französin. **Sie** liebt die Haute Couture.

R Les **pronoms personnels** remplacent les noms dans la phrase. Cela permet d'éviter de répéter les noms.

Tableau 10A: <u>Déclinaison du pronom accusatif</u>

E Je m'informe / ich informiere mich.

sujet	verbe	pronom réfléchi	pronom **accusatif**
ich	informiere	mich	mich
du (douou)	informierst	dich	dich
er (èèr)	informiert	sich	**ihn** iin
sie (sii)	informiert	sich	**sie**
es (ées)	informiert	sich	**es**
Wir (viir)	informieren	uns ouns	uns
ihr (iir)	informiert	euch oïch	euch
sie (sii)	informieren	sich	**sie**

Sie / vous: vouvoiement. Je vous rencontre. Ich treffe **Sie** (sg et pl).

Déclinaison du pronom **accusatif**: Modifiez la déclinaison du pronom réfléchi comme suit: Remplacez 'sich' (sg) par **ihn** (m), **sie** (f), **es** (n) et 'sich' (pl) par **sie** (m,f,n).

Quand le verbe réfléchi nécessite un objet à

l'accusatif le pronom réfléchi change à la première et deuxième personne: mich > **mir** (miir) dich > **dir** (diir).

E   Je me lave les mains. Ich wasche **mir** die Hände.Tu te laves les mains. Du wäscht **dir** die Hände.

Tableau 10 B: <u>Déclinaison du pronom dativ</u>

	verbe	pronom réfléchi	pronom **datif**
ich	wasche	mir	mir
du	wäscht	dir	dir
er	wäscht	sich	**ihm** iim
sie	wäscht	sich	**ihr**
es	wäscht	sich	**ihm**
wir	waschen	uns	uns
ihr	wascht	euch	euch
sie	waschen	sich	**ihnen** iinen

Ihnen / vous: vouvoiement. Je vous dis. Ich sage **Ihnen** (sg et pl).

Déclinaison du pronom datif: Modifiez la déclinaison du pronom réfléchi comme suit: Remplacez 'sich' (sg) par **ihm** (m,n), **ihr** (f) et 'sich' (pl) par **ihnen** (m,f,n).

E   Nicole me donne le livre. Nicole gibt **mir** das Buch. (1)

R   Si l'un des deux compliments est représenté par un pronom et l'autre par un nom, le pronom est toujours prioritaire. (1)

E   Nicole me le donne. Sofia gibt **es** mir. (2)

R   Si la proposition a deux pronoms, le pronom accusatif est prioritaire. (2) (**R 34**)

57

La négation

La négation s'exprime:
1. À l'aide de la parole **nein** (non).
E Tu parles allemand? Non. Sprichst du Deutsch? **Nein**.
2. À l'aide de l'adverbe **nicht** (non / ne … pas). **(R33)**
E Je parle allemand. Ich spreche Deutsch. Moi non. Ich **nicht**. Je ne parle pas allemand. Ich spreche **nicht** Deutsch.

Je **ne** vois **plus** R. Ich sehe R **nicht mehr**. Je **ne** vois **jamais** R. Ich sehe R **nie**. Je ne vois **ni** R **ni** sa famille. Ich sehe **weder** R **noch** seine Familie. Je **ne** vois **personne**. Ich sehe **niemand**. Je **ne** vois **rien**. Ich sehe **nichts**.
Pour la négation 'pas de' on utilise **kein** (m, n) **keine** (f) avant le substantif, par exemple: Pas de femme est plus belle que Nicole. **Keine** Frau ist schöner als Nicole.
R On décline kein au sg comme suit: **k + déclinaison de ein, eine** (> tableau 2, C2).

F Mots 'Faux jumeaux'

la côtelette	das Kotelett (kote-<u>lèt</u>)
la cravate	die Krawatte (kra-<u>va</u>-té)
la culture	die Kultur (koul-t<u>ouour</u>)
le cours	der Kurs (kours)
la liqueur	der Likör (li-<u>keueur</u>)
le litre	der Liter (<u>li</u>-ter)
le maïs	der Mais (maïs)

Le voyage de noces / Die Hochzeitsreise

Lieu: L'aéroport de Nice
Giselle G, Tim T, employé E

T À quelle heure part le vol charter pour Paris?
Um wieviel Uhr startet der **Charterflug** nach
Paris (oum vii fiil ouour <u>shtar</u>-tet dèèr <u>tshar</u>-
tèrflouougk naach pa-<u>ris</u>)?

E Vous avez encore un peu de temps. Sie haben
noch ein wenig Zeit (sii <u>h'aa</u>-ben noch aïn
<u>véé</u>-nigk tsaït). Le départ est à neuf heures.
Der Start ist um neun Uhr (dèèr shtart ist oum
noïn ouour).

G À quelle heure arrive l'avion? Um wie viel
Uhr **kommt** das Flugzeug an (oum vii fiil
ouour komt daas <u>flououg</u>-tsoïgk an)?

E Si l'avion part *à l'heure*, l'arrivée est vers dix
heures. Wenn das Flugzeug *pünktlich* startet,
ist die Ankunft gegen 10 Uhr (vén daas
<u>flououg</u>-tsoïgk <u>punkt</u>-lich <u>shtar</u>-tet ist dii <u>an</u>-
kounft <u>géé</u>-guen zéén ouour).C'est la premiè-
re *fois* que vous allez à Paris? Fahren Sie zum
ersten *Mal* nach Paris (<u>faa</u>-ren sii tsoum <u>éérs</u>-
ten maal naach pa-<u>ris</u>)?

G Oui, c'est notre voyage de noces Ja, das ist
unsere Hochzeitsreise (iaa daas ist <u>oun</u>-sère
<u>h'och</u>-tsaïtsraïse).

E Félicitations pour le mariage. Glückwünsche
zur Hochzeit (<u>gluk</u>-vunshe tsouour <u>h'och</u>-
tsaït). Vous avez trouvé un bon hôtel? **Haben**
Sie ein gutes Hotel gefunden (<u>h'aa</u>-ben sii aïn
<u>gouou</u>-tes h'o-<u>tèl</u> ghé-<u>foun</u>-den)?

T Oui, près de la cathédrale *Notre Dame* au

Quartier latin. Ja, bei der Kathedrale *Notre Dame* im *Quartier latin (*katé-<u>draa</u>-le).

E J'ai *vécu* dans ce quartier *de* 1988 *à* 1996. Ich habe in diesem Viertel *von* 1988 *bis* 1996 *gelebt* (ich <u>h'aa</u>-be in <u>dii</u>-zem <u>fiir</u>-tel fon noïnzéénh'oundertachtoundachttsigk bis noïn-tséén-h'oundert-séks-ound-noïntsigk gé-<u>lèbt</u>).Chaque fois que je pense à Paris j'éprouve une grande nostalgie de cette belle ville. Jedes Mal, wenn ich an Paris denke, fühle ich ein großes Heimweh nach dieser schönen Stadt (<u>iéé</u>-des maal vén ich an pa-<u>ris</u> <u>dén</u>-ke <u>fuu</u>-le ich aïn <u>groo</u>-ses h'<u>aïm</u>-véé nach <u>dii</u>-zèr <u>sheueu</u>-nen shtat).

G Qu'est-ce qui vous a impressionné *le plus* à Paris? Was hat Sie in Paris **am meisten** beeindruck*t* (vaas hat sii in pa-<u>ris</u> am <u>maï</u>-sten be-<u>aïn</u>-droukt)?

E C'est une demande difficile. Das ist eine schwierige Frage (daas ist <u>aï</u>-ne <u>shvii</u>-rigue <u>fraa</u>-gue). Peut-être la vue sur la *Seine* sous les ponts de Paris ou bien la vue de mon apartement sur le ciel bleu au dessus des toits de Paris. Vielleicht der Blick auf die *Seine* unter **den** Brücken von Paris oder die Aussicht von meiner Wohnung auf den **blauen** Himmel über den Dächern von Paris (fi-<u>laïcht</u> dèèr blik aof dii sèèn <u>oun</u>-tèr déén <u>bru</u>-ken fon pa-<u>ris</u> <u>oo</u>-dèr dii <u>aous</u>-sicht fon <u>maï</u>-nèr <u>voo</u>-noungk aof déén <u>blao</u>-en h'<u>i</u>-mel <u>uu</u>-bèr déén <u>dè</u>-chèrn fon pa-<u>ris</u>). Peut-être ce soir-là sur la *place de la concorde,* quand le soleil rouge se couchait derrière la *tour Eiffel.* Vielleicht jener Abend auf dem *Concorde Platz*, als die rote Sonne hinter dem *Eiffelturm* unterging (fi-<u>laïcht</u> <u>iee</u>-ner <u>a</u>bend aof déém *Concorde* plats als dii <u>roo</u>-te <u>so</u>-ne h'<u>in</u>-ter déém <u>aï</u>-feltourm <u>oun</u>-tèrguingk). Peut-être cette nuit-là, quand j'ai regardé l'océan de lumières de la ville du restaurant le plus haut de la *tour Eiffel*. Vielleicht jene Nacht, als ich das Lichtermeer der Stadt **vom** höchsten Restaurant des *Eiffelturms* betrachtet habe (fi-<u>laïcht</u> <u>iee</u>ne nacht als ich daas <u>lich</u>-tèrméér dèèr shtat fom h'<u>euk</u>sten rèstoorannt dés <u>aï</u>-feltourms bé-<u>trach</u>-tet h'<u>aa</u>-be). Peut-être la beauté séduisante des danseuses du *Lido* et du *Moulin Rouge*. Vielleicht die verführerische Schönheit der Tänzerinnen des *Lido* und des *Moulin Rouge* (fi-<u>laïcht</u> dii fèr-<u>fuu</u>-rèrishe <u>sheueun</u>-h'aït dèèr <u>tèn</u>-tserinen dés *Lido* ound dés *Moulin Rouge*). Peut-être ce matin-là, quand j'ai vu devant l'église *Sacré-Cœur* après une nuit blanche le lever du soleil rosé. Vielleicht jener Morgen, als ich vor der Kirche *Sacré-Coeur* nach **einer** schlaflosen Nacht den Aufgang der rosigen Sonne gesehen habe (fi-<u>laïcht</u> <u>iee</u>-ner <u>mor</u>-guen als ich foor dèèr <u>kir</u>-che sakré keueur naach <u>aï</u>-ner <u>shlaaf</u>-loosen nacht dén <u>aof</u>-gangk dèèr <u>roo</u>-ziguen <u>so</u>-ne guésè-h'en h'<u>aa</u>-be). Qu'est-ce qui m'a impressionné *le plus?* Was hat mich *am meisten* beeindruckt (vaas h'at mich am <u>maï</u>-sten be-<u>aïn</u>-droukt)? Je *ne* le sais *pas.* Ich weiß *es* **nicht** (ich vaïs és nicht). Mais je sais que vous serez très heureux pendant ce voyage, parce que Paris est la ville parfaite pour s'aimer et pour cela le lieu idéal pour un voyage de noces. Aber ich weiß, dass Sie während dieser Reise sehr glücklich sein werden, weil Paris die perfekte Stadt ist, um sich zu lieben und deshalb der ideale Ort für eine Hochzeitsreise (<u>aa</u>-bèr ich vaïs das sii <u>vèè</u>-rend

dii-zèr raï-se sèèr gluk-lich saïn ver-den vaïl
pa-ris dii pèr-fèk-te shtat ist oum sich tsou lii-
ben ound dés-h'alb dèèr idé-a-le ort fuur aï-ne
h'och-tsaïtsraïse).

T Nous avons besoin des cartes d'embarque-
ment. Wir brauchen die Bordkarten (viir brao-
chen dii bord-karten)

E Je vous les donne. Ich gebe **sie Ihnen** (ich
guèè-be sii ii-nen). Saluez Paris de ma part.
Grüßen Sie Paris von mir (gruu-sen sii pa-ris
fon miir).

Q25: Charterflug sorte de nom? **R25**:C3 **Q26:
kommt an** pourquoi ankommen est séparable?
R26: C6 **Q27: haben** au Perfekt: on utilise haben
pour quels verbes? **R27**: C6 **Q28: am meisten**
comparativ irrégulier du mot? **R28**: C4 **Q29: den**
quel cas? **R29**: C2 **Q30: blauen** règle? **R30**: C4
Q31: **vom** quelle contraction? **R31**: C2 **Q32:
einer** règle de la déclinaison de l'article indéfini?
R32: C2 **Q33: nicht** expression de la négation?
R33: C7 **Q34: sie Ihnen** règle? **R34**: C7

Phrases importantes

ne fonctionne pas / est cassé/e /… funktioniert
nicht / ist kaputt (founktsio-niirt nicht ist ka-
pout). Peut-on le réparer / kann man es reparieren
(kan man és repa-rii-ren)? Ce sera prêt quand /
wann ist es fertig (van ist és fèr-tigk)? … est
compris dans le prix / ist … im Preis inbegriffen
(ist im praïs in-bégrifen)? Est-ce que ça vous
dérange si … stört es Sie, wenn … (shteueurt és
sii vénn)?

Apprenez s.v.p. les mots d'ouvrir à porte.

Huitième chapitre

L'adjectif possessif

	m/n **sg**	f	pl
mon	mein	ma *meine*	mes *meine*
ton	dein	ta *deine*	tes *deine*
possesseur m			
son	**sein**	sa *seine*	ses *seine*
possesseur f			
son	**ihr**	sa *ihre*	ses *ihre*
possesseur n			
son	**sein**	sa *seine*	ses *seine*
notre	unser	notre *unsere*	nos *unsere*
votre	euer	votre *eure*	vos *eure* (1)
leur	ihr	leur *ihre*	leurs *ihre*
formule de politesse			
votre	Ihr	votre *Ihre*	vos *Ihre*

E Voici mon ami / hier ist **mein** Freund. Voici
ma soeur / hier ist *meine* Schwester. Voici ma
maison / hier ist **mein** Haus. Voici mes frères / hier sind *meine* Brüder. Voici mes autos
/ hier sind *meine* Autos. Voici mes filles / hier
sind *meine* Töchter.

R Les adjectifs possessifs sont égaux au genre
masculin et **neutre** ainsi qu'au *genre féminin*
et au *pluriel*. **(R 35)**

Le pronom euer perd le e quand on lui ajoute une
terminaison:
E euer Vater, euere > eure Mutter > euere
Brüder > eure Brüder (1)

R En allemand la forme de l'adjectif possessif
   dépend du **genre du possesseur.**
E Er hat **sein** Auto geparkt. Il a garé sa voiture.
   Sie hat **ihr** Auto geparkt. Elle a garé sa
   voiture.

La déclinaison de l'adjectif possessif

Tableau 11: Déclinaison de l'adjectif possessif

	N	A	D	G
m	**mein**	mein ...	mein ...	mein ...
f	***meine***	*meine*	mein ...	mein ...
n	***mein***	*mein*	mein ...	mein ...
pl	***meine***	*meine*	mein ...	mein ...

Moyen mnémotechnique:
Mon père pense: en regardant un miroir mon enfant voit mon enfant, ma femme voit ma femme,
mes parents voient mes parents.
Mein Vater denkt: den Spiegel betrachtend sieht
meine Frau *meine* Frau, sieht ***mein*** Kind *mein*
Kind, sehen ***meine*** Eltern *meine* Eltern.

**Remplissez le tableau 11 selon la règle suivan-
te:**
Comme la déclinaison de l'article indéfini (C2)
la déclinaison de l'adjectif possessif se forme
avec **les 2 dernières lettres de l'article défini.**

Règle: l'adjectif possessif + **les 2 dernières
lettres de l'article défini. (R 37)**
Voir tableau **15, C 10** numéro 2.

F Pronoms possessifs

Tableau 12: Les pronoms possessifs

m	f	n	pl
le mien	la mienne	le/la mien/ne	les mien/s/nes
mein**er**	*meine*	mein**es**	*meine* (m / n / f)
le tien	la tienne	le/la tien/ne	les tiens / tiennes
dein**er**	*deine*	dein**es**	*deine*
le sien	la sienne	le/la sein/ne	les siens / siennes
m: sein**er**	*seine*	sein**es**	*seine*
f: ihr**er**	*ihre*	ihr**es**	*ihre*
n: sein**er**	*seine*	sein**es**	*seine*
le nôtre	la nôtre	le/la nôtre	les nôtres
unser**er**	*unsere*	unser**es**	*unsere*
le vôtre	la vôtre	le/la vôtre	les vôtres
eur**er**	*eure*	eur**es**	*eure*
le leur	la leur	le/la leur	les leurs
ihr**er**	*ihre*	ihr**es**	*ihre*
Ihr**er**	*Ihre*	Ihr**es**	*Ihre*
(vouvoiement)			

A: Voici ma mère. Hier ist *meine* Mutter.

B: Voici la mienne. Hier ist *meine*.

A: Voici mes frères, enfants, sœurs. Hier sind *meine* Brüder, Kinder, Schwestern.

B: Voici les miens / les miennes. Hier sind *meine*.

R En genre féminin et au pluriel (m / n / f) les adjectifs possessifs et les pronoms possessifs sont *égaux*.

A: Voici mon père. Hier ist mein Vater.

B: Voici le mien. Hier ist mein**er**.

R L'adjectif possessif masculin + **er** > le pronom possessif masculin, par exemple:

mein + **er** > mein**er**.

A: Voici mon enfant. Hier ist mein Kind.

B: Voici le mien. Hier ist mein**es**.

R L'adjectif possessif neutre + **-es** > le pronom possessif neutre, par exemple: mein + **es** > mein**es**.

Veuillez écrire les déclinaisons de mein**er** (m), meine (f), mein**es** (n), meine (Pl) selon la règle suivante:

R La déclinaison est formée comme suit: meine + **la dernière lettre de l'article défini**. (meinee > meine)
Voir tableau **15, C10,** numéro 3

Pronoms et adjectifs interrogatifs

En allemand les pronoms interrogatifs qui (sg et pl) sont traduits avec welch**er** (m), welche (f) welch**es** (n), welche (Pl).

Tableau 12: <u>Déclinaison des adjectifs interrogatifs</u>

	N	A	D	G
m	welch**er**	welche ..	welche ..	welche ..
f	welche	welche ..	welche ..	welche..
n	welch**es**	welche ..	welche ..	welche ..
pl	welche	welche ..	welche ..	welche ..

Remplissez le tableau 12 selon la règle suivante:

La déclinaison de l'adjectif interrogatif se forme avec **la dernière lettre de l'article défini**.

R welche + **la dernière lettre de l'article défini. (R42)**

Voir tableau **15, C 10,** numéro 4.

R Les adjectifs interrogatifs sont utilisés aussi

comme **pronoms relatifs**, par exemple:
L'homme qui voit une belle femme. Der
Mann, **welcher** eine schöne Frau sieht.

Le pronom et l'adjectif démonstratifs

Les adjectifs et pronoms démonstratifs ce, celui,
cette, celle, ces, ceux, celles sont traduit avec
diese**r** (m), diese (f), diese**s** (n), diese (Pl).

Tableau 13: <u>Déclinaison des adjectifs</u>
<u>démonstratifs</u>

	N	A	D	G
m	diese**r**	diese ...	diese ...	diese ...
f	diese	diese ...	diese ...	diese ...
n	diese**s**	diese ...	diese ...	diese ...
pl	diese	diese ...	diese ...	diese ...

Remplissez le tableau 13 selon la règle suivante:

R On décline les adjectifs démonstratifs comme
suit:
**diese + la dernière lettre de l'article défini.
(R36)**
Voir tableau **15, C10,** numéro 5.

A Ce garçon est ton fils? Ist *dieser* Junge dein
Sohn?

B Non, celui. Nein, *dieser.*

R **En allemand l'adjectif et le pronom démonstratif sont *égaux*.**

Ce, celui: dieser (m), dieses (n)
Cette, celle: diese (f), dieses (n)
Ces, ceux, celles: diese

R On peut utiliser les articles **der, die, das**
comme **pronom démonstratif. (R40)**

E C'est un vin qui vient de la France;celui-là est
   très bon. Das ist ein Wein, der aus Frankreich
   kommt; **der** ist sehr gut.

F Le pronom relatif

Tableau 14: Déclinaison des pronoms relatifs

	N	A	D	G
m	der	....	....	.... - ...
f	die	....	....	.... - ...
n	das	....	....	.... - ...
pl	die	....	.... - ...	.... - ...

**Remplissez le tableau 14 selon la règle
suivante:**
R **On décline le pronom relatif comme l'article défini (R38)** Voir tableau **15, C10**, numéro 6.
Exceptions:
Terminaison **-sen** (en génitif masculin et neutre)
terminaison **-en** (en génitif féminin et génitif pluriel et au pluriel dativ).

Moyen mnémotechnique:

Je rencontre monsieur Dupuis que je connais et
dont l'amie et dont l'ami et dont les frères et dont
les amis avec lesquels nous faisons une fête.
Ich treffe Herr Dupuis, den ich kenne und des-
sen Freundin und de-**ren** Freund und des-**sen**
Brüder und de-**ren** Freunde, mit den-**en** wir ein
Fest feiern.

F Pronoms interrogatifs 'wer' et 'was'

N	A	D	G

m der / *wer* den / .... dem / .... dessen / ....
n das / *was* das / ......

Remplissez les pronoms interrogatifs selon la règle suivante:
R On décline les **pronoms interrogatifs** 'wer' et 'was' comme les pronoms relatifs en remplaçant au genre masculin et au genre neutre **d** par **w**. (**R43**)
Les pronoms interrogatifs *wer* et *was* sont *aussi utilisés* comme **pronoms relatifs**, par exemple: C'est cela que j'ai cherché. Das ist das, *was* ich gesucht habe.

F Phrases importantes

où se trouve / wo befindet sich (voo bé-fin-det sich) une location de voiture / eine Autovermietung (aï-ne ao-toofèr-miitoungk), la station-service / die Tankstelle (dii tank-shté-le), la consiggne / die Gepäckaufbewahrung (dii gué-pèk-aof-bévaaroungk) le guichet des billets / der Fahrkartenschalter (dèèr faar-kartenshalter), l'enregistrement / der Chek-in Schalter (dèèr tshèk-in-shalter), un distributeur de billets / ein Geldautomat (aïn guèld-aotomaaat), l'office du tourisme / das Fremdenverkehrsamt (daas frém-denfèr-kéérsamt)?

Arrivée à l'hôtel / Ankunft im Hotel

Lieu: Un hôtel à Munich
Tim T, Giselle G, leur fille Nina N, hôtelier H

T Bonsoir, je m'appelle Tim Delorme. Guten
Abend, ich heiße Tim Delorme (<u>gouou</u>-ten <u>aa</u>-
bend ich <u>h'aï</u> -se).

H Enchanté. Sehr erfreut (sèèr èr-<u>froït</u>).

T Nous avons besoin d'une chambre double et
d'une chambre individuelle pour notre fille.
Wir benötigen ein Doppelzimmer und ein
Einzelzimmer für **unsere** Tochter (viir be-
<u>neueu</u>-tiguen aïn <u>do</u>-peltsimer ound aïn <u>aïn</u>-
tseltsimer fuur <u>oun</u>-sere <u>toch</u>-ter).

H Combien de temps restez-vous? Wie lange
bleiben Sie (vii <u>lan</u>-gue <u>blaï</u>-ben sii)?

T Une semaine. Eine Woche (<u>aï</u>-ne <u>vo</u>-che).

H Vous avez de la chance. Sie haben Glück
(sii <u>h'aa</u>-ben gluk). Bien que nous avons la
pleine saison il y a quelques chambres libres.
Obwohl wir uns in der Hauptsaison befinden,
gibt es einige freie Zimmer (ob-<u>vool</u> viir ouns
in dèèr <u>h'aopt</u>-sèsoo be-<u>fin</u>-den guibt és <u>aïn</u>i-
gue <u>fraï</u>-e <u>tsi</u>-mer). Il y a deux chambres avec
salle de bain et balcon. Es gibt zwei Zimmer
mit Bad und Balkon (és guibt tsvaï <u>tsi</u>-mer
mit baad ound bal-<u>koon</u>).

G Combien coûtent une nuit avec petit déjeuner,
la demi-pension et la pension complète? Wie
viel kosten eine Übernachtung mit Frühstück,
Halbpension und Vollpension (vii viil <u>kos</u>-ten
<u>aï</u>-ne ubèr-<u>nach</u>-tungk mit <u>fruu</u>-shtuk <u>h'alb</u>-
pension ound <u>fol</u>-pension)?

H Voici la liste des prix. Hier ist die Preisliste

(hiir ist dii <u>praïz</u>-liste).

G C'est trop cher. Das ist zu teuer (daas ist tsou <u>toï</u>-er).Vous avez des chambres moins chères? Haben Sie billigere Zimmer (<u>h'aa</u>-ben sii <u>bi</u>-liguère <u>tsi</u>-mer)?

H Nous avons deux chambres avec douche et vue sur les montagnes. Wir haben zwei Zimmer mit Dusche und Blick auf die Berge (viir <u>h'aa</u>-ben tsvaï <u>tsi</u>-mer mit <u>dou</u>-shé ound blik aof dii <u>bèr</u>-gué).

G Est-ce que nous pourrions voir les chambres? **Könnten** wir die Zimmer sehen (<u>keun</u>-ten viir dii <u>tsi</u>-mer <u>sè</u>-h'en)?

H Volontiers. Sehr gern (sèèr guèrn) Les chambres sont au troisième étage. Die Zimmer sind im dritten Stock (dii <u>tsi</u>-mer sind im <u>dri</u>-ten shtok). Voici l'ascenseur. Hier ist der Aufzug (hiir ist dèèr <u>aof</u>-tsouougk).
Nach der Besichtigung. Après la visite.

G D'accord, nous prenons les chambres. Einverstanden, wir nehmen die Zimmer (<u>aïn</u>-fèr-standen viir <u>néé</u>-men dii <u>tsi</u>-mer).

H Je vous prie de remplir ce formulaire. Füllen Sie bitte **dieses** Formular aus (<u>fu</u>-len sii <u>bi</u>-te <u>dii</u>-zes formou-<u>laar</u> aos). Une signature ici, s'il vous plait. Bitte hier eine Unterschrift (<u>bi</u>-te hiir <u>aï</u>-ne <u>oun</u>-tershrift).

T Il y a quelqu'un, qui peut monter les valises? Gibt es jemand, **der** die Koffer hinauftragen kann (guibt és <u>iéé</u>-mand dèèr dii <u>ko</u>-fèr h'i-<u>naof</u>-traaguen kan)?

H J'appelle un garçon. Ich rufe einen Kellne (ich <u>rouou</u>-fe aï-nen <u>kèl</u>-ner). Voici les clefs. Hier sind die Schlüssel (h'iir sind dii <u>shlu</u>-sel).

G À quelle heure servez-vous le petit-déjeuner?

Um wie viel Uhr servieren Sie das Frühstück (oum <u>vii</u> fiil ouour sèr-<u>vii</u>-ren sii daas <u>fruu</u>-shtuk)?

H De sept à dix heures. Von 7 bis 10 Uhr (fon <u>sii</u>-ben bis tséén ouour). Le restaurant est au fond du couloir. Das Restaurant ist am Flur-ende (daas rèstoorannt ist am flouour-<u>én</u>-de).

T Pourriez-vous nous réveiller à huit heures? Könnten Sie uns um acht Uhr wecken (<u>keun</u>-ten sii ouns oum acht ouour <u>vé</u>-ken)?

H Volontiers. Sehr gern (sèèr guèrn) Bonne nuit! Gute Nacht (<u>gouou</u>-te nacht)!
Après *une belle semaine. Nach einer schönen Woche.*

T Nous partons aujourd'hui. Wir reisen heute ab (viir <u>raï</u>-sen <u>h'oï</u>-te ab). À quelle heure de-vons nous libérer les chambres. Bis wann müssen wir die Zimmer räumen (bis van <u>mu</u>-sen viir dii <u>tsi</u>-mer <u>roï</u>-men)?

H Jusqu'á dix heures. Bis um zehn Uhr (bis oum tséén ouour).

T Pourriez-vous préparer ma note, s'il vous plait. Könnten Sie bitte **meine** Rechnung vor-bereiten (<u>keun</u>-ten sii <u>bi</u>-té <u>maï</u>-ne <u>rèch</u>-noungk <u>for</u>-beraïten).

H La note est prête. Die Rechnung ist fertig (dii <u>rèch</u>-noungk ist <u>fèr</u>-tigk).

T Au revoir, c'était un séjour très agréable. Auf Wiedersehen, **das** war ein sehr angenehmer Aufenthalt (aof <u>vii</u>-dèrsèh'en daas waar aïn sèèr <u>an</u>-guénéémer <u>aof</u>-ent-h'alt).

G C'était une semaine merveilleuse. Das war eine wunderbare Woche (daas vaar <u>aï</u>-ne <u>voun</u>-dèrbaare <u>vo</u>-che).

N Salut, c'était formidable. Tschüß, es war

klasse (tshus és vaar <u>kla</u>-se).

H Ravi d'avoir fait votre connaissance. Es war mir ein Vernügen, Sie kennen zu lernen (és vaar miir aïn fèr-<u>gnuu</u>-guen sii <u>ké</u>-nen tsou <u>lèr</u>-nen). J'espère vous revoir l'année prochaine. Ich hoffe, Sie nächstes Jahr wieder zu sehen (ich <u>h'o</u>-fe sii <u>nèk</u>-stes iaar <u>vii</u>-der tsou <u>sè</u>-h'en). Bon retour. Gute Heimreise (<u>gouou</u>te <u>h'aïm</u>-raïse).

Q35: **unsere** égal avec quel autre adjectif possessif? **R35**: C8 **Q36**: **dieses** règle de la déclinaison de l'adjectif démonstratif? **R36**: C8 **Q37**: **meine** comment on décline l'adjectif possessif **R37**: C8

F **Q38**: **der** comment on décline les pronoms relatifs?**R38**: C8 **Q39**: **könnten** le Konjunktiv exprime quoi? **R 39**: C5 **Q40**: on utilise **der, die, das** comme quel pronom? **R40**: C8

Phrases importantes

Est-ce que je dois / peux muss / kann ich (mous kan ich) **est-ce qu'on doit / peut muss / kann man** (mous kan man) réserver / reservieren, changer / umsteigen (oum-shtaïguen), laisser une caution / eine Kaution zahlen (aï-ne kaotsi-<u>oon</u> <u>tsaa</u>-len), me garer ici / kann ich hier parken (kan ich hiir <u>par</u>-ken), laisser mes baga- ges ici / mein Gepäck hier lassen (maïn gué-pèk hiir <u>la</u>-sen), aller à pied / zu Fuß gehen (tsou fouous <u>gué</u>-h'en). On peut prendre des photos/kann man Fotos machen (<u>fo</u>-toos <u>ma</u>-chen)?
Apprenez s.v.p. les mots de <u>portion</u> à <u>riz</u>.

Neuvième chapitre

F <u>L'espace / der Raum</u>

à travers	**durch** (dourch)
à l'intérieur de	**innerhalb** (<u>i</u>nerh'alb)
hors de	**außerhalb** (<u>ao</u>-sèrh'alb)
devant	**vor** (foor)
derrière	**hinter** (<u>h'in</u>-tèr)
à côté de	**neben** (<u>nèè</u>-ben)
près de	**in der Nähe** (in dèèr <u>nèè</u>-h'e)
en face de	**gegenüber** (guéguen-<u>uu</u>-bèr)

F <u>L'arrivée / die Ankunft</u>

Je suis arrivé …	**Ich bin angekommen …**
il y a sept jours	vor sieben Tagen (foor <u>sii</u>-ben <u>taa</u>-guen)
avant hier	vorgestern (<u>foor</u>-guéstern)
hier	gestern (<u>gué</u>-stern)
aujourd'hui	heute (<u>h'oï</u>-te)
Je viens d'arriver.	Ich bin gerade angekommen (ich bin gué-<u>raa</u>-de <u>an</u>-guékomen).

F <u>Le départ / die Abreise</u>

Je vais partir. Ich werde gleich abreisen (ich vèr-de glaïch <u>ab</u>-raïsen).
Je suis en train de partir. Ich reise gerade ab (ich <u>raï</u>-se gué- <u>raa</u>-dé ab).

je pars …	**Ich reise ab …**
tout de suite	sofort (so-<u>fort</u>)
dans deux heures	in zwei Stunden (in tsvaï <u>shtoun</u>-den)

74

ce matin   heute Vormittag (h'oï-te foor-mitaagk)
cet après-midi   heute Nachmittag (h'oï-te nach-
mitaagk)
ce soir   heute Abend (h'oï-te aa-bend)
cette nuit   heute Nacht (h'oï-te nacht)
demain   morgen (mor-guen)

F La fréquence / die Häufigkeit

jamais   niemals (nii-mals)
parfois   manchmal (manch-maal)
souvent   oft (oft)
pour la plupart   meistens (maï-sténs)
toujours   immer (i-mer)

Phrases importantes

pouvez-vous / können Sie mir (keu-nen sii miir)
m'expliquer / erklären (èr-klèè-ren), me commander / bestellen (bé-shté-len),   me recommander / empfehlen (em-pfèè-len), me procurer /
besorgen (bé-sor-guen)   me montrer / zeigen
(tsaï-guen), m'aider / helfen (h'èl-fen)?
est-ce qu'il y a / gibt es (guibt és) un grand magasin près d'ici / in der Nähe ein Kaufhaus (in
dèèr nèè-h'é aïn kaof-haos), un parking /   einen
Parkplatz (aï-nen park-plats) quelqu'un qui / jemand der (iéé-mand dèèr), une visite guidée /
eine Führung (aï-ne fuu-roungk), une réduction
pour / einen Preisnachlass für (aï-nen praïs-nach-
las fuur), une correspondance pour / einen Anschluss nach (aï-nen an-shlous nach), une auberge de jeunesse / eine Jugendherberge (aï-ne
iouou-guendh'éérbèrgué)?

75

Au restaurant / Im Restaurant

Lieu: Restaurant à Munich
Giselle G, Tim T, Nina N, serveuse S

T   Bonjour. Guten Tag (<u>gouou</u>-ten taagk). Dé-
    solé d'etre en retard. Ich bedauere die Ver-
    spätung (ich be-<u>dao</u>-ere dii fer-<u>shpèè</u>-toungk).
S   Cela *ne* fait *rien.* Das macht *nichts* (daas
    macht nichts).
T   Mon nom est Tim Delorme. Mein Name ist
    Tim Delorme (maïn <u>naa</u>-me ist tim de-<u>lorm</u>).
    J'ai réservé une table pour trois. Ich habe ei-
    nen Tisch für drei Personen reserviert (ich
    <u>h'aa</u>-be aï-nen tish fuur draï pèr-<u>soo</u>-nen
    résèr<u>viirt</u>).
S   Voici la table. Dieser Tisch (<u>dii</u>-zèr tish). As-
    seyez-vous, je vous en prie. Nehmen Sie bitte
    Platz (<u>néé</u>-men sii <u>bi</u>té plats). Voici la carte et
    la liste des boissons. Hier ist die Speisekarte
    und die Getränkeliste (hiir ist dii <u>spaï</u>-zekarte
    ound dii gué-<u>trèn</u>-keliste). Est-ce que vous
    voulez un apéritif? Wollen Sie einen Aperitif
    (<u>vol</u>-en sii aï-nen apéri-<u>tif</u>)?
G   Un verre de vin mousseux avec jus d'orange.
    Ein Glas Sekt mit Orangensaft (aïn glaas sèkt
    mit o-<u>ran</u>-shensaft).
N   Un apéritif sans alcool. Einen **alkoholfreien**
    Apéritif (aï-nen alko-<u>h'ool</u>-fraïen apéri-<u>tif</u>).
T   Un verre de champagne. Ein Glas Champag-
    ner (aïn glaas sham-<u>pan</u>-ièr).
    Après l'apéritif. Nach dem Aperitif.
S   Que désirez-vous boire? Was wünschen Sie
    zu trinken? (vaas <u>vun</u>-shen sii tsou <u>trin</u>-ken)?
G   Pour moi un verre de vin blanc. Für mich

76

ein Glas Weißwein (fuur mich aïn glaas <u>vaïs</u>-vaïn).

N Un jus de fruits. Einen Fruchtsaft (<u>aï</u>-nen <u>froucht</u>-saft).

T Une bière à la pression. Ein Bier vom Fass (aïn biir fom fas).

S Qu'est-ce que vous voulez comme entrée? Welche Vorspeise wünschen Sie (<u>vél</u>-che <u>foor</u>-shpaïze <u>vun</u>-shen sii)?

T Melon et jambon. Melone und Schinken (mé-<u>loo</u>-ne ound <u>shin</u>-ken).

N Un potage aux haricots. Eine Bohnensuppe (<u>aï</u>-ne <u>boo</u>-nenzoupé).

G Un potage à la tomate. Eine Tomatensuppe (<u>aï</u>-ne to-<u>maa</u>-tenzoupé).

S Qu'est-ce que vous voulez comme plat principal? **Was** möchten Sie als Hauptgericht (vaas <u>meuch</u>-ten sii als h'<u>aopt</u>-guéricht)?

N Je prends un plat végétarien. Ich nehme ein vegetarisches Gericht (ich <u>néé</u>-me aïn végué-<u>taa</u>-rishes gué-<u>richt</u>). Quel plat me recommandez-vous? **Welches** Gericht empfehlen Sie mir (<u>vél</u>-ches gué-<u>richt</u> em-<u>pfèè</u>-len sii miir)?

S Pommes de terre avec chou de Bruxelles. Kartoffeln mit Rosenkohl (kar-<u>to</u>-feln mit <u>roo</u>-zenkool).

T Je vais *prendre* le rôti de porc avec des quenelles. Ich werde den Schweinebraten mit Knödeln *nehmen* (ich <u>vèr</u>-de déén <u>shvaï</u>-nebraaten mit <u>kneueu</u>-deln <u>néé</u>-men).

G Je vais prendre le steak et une salade composée. Ich werde das Steak und einen gemischten Salat nehmen (ich <u>vèr</u>-de daas stèèk ound <u>aï</u>-nen gué-<u>mish</u>-ten sa-<u>laat</u> <u>néé</u>-men).

S Le steak saignant, à point où bien cuit? Das

77

Steak blutig, halb gar oder durchgebraten (daas stèèk <u>blouou</u>-tigk <u>h'alb</u>-gaar <u>o</u>-dèr <u>dourch</u>-guébraaten)?

G À point. Halb gar (<u>h'alb</u>-gaar).

S Quelle sauce pour la salade? Welche Salat-sauce (<u>vél</u>-che sa-<u>laat</u>-soose)?

G Sauce française. Französische Soße (fran-<u>tseueu</u>-sishe <u>soo</u>-se).

Après le plat principal. Nach dem Hauptgericht.

S Est-ce que vous voulez un dessert? Wünschen Sie ein Dessert (<u>vun</u>-shen sii aïn de-<u>sèèr</u>)?

T Quels parfums de glace avez-vous? Welche Eissorten haben Sie (<u>vél</u>-che <u>aïs</u>-sorten <u>h'aa</u>-ben sii)?

N Vanille, framboise, fraise, noix et abricot. Vanille, Himbeere, Erdbeere, Walnuss und Aprikose (va-<u>ni</u>-lé <u>h'im</u>-béére <u>èrd</u>-béére <u>val</u>-nous ound apri-<u>koo</u>-se).

T Glace panachée avec de la crème. Gemischtes Eis mit Sahne (gué-<u>mish</u>-tes aïs mit <u>saa</u>-ne).

G Quels gâteaux avez-vous? Welche Kuchen haben Sie (<u>vel</u>-che <u>kouou</u>-chen <u>h'aa</u>-ben sii)?

S Tarte aux fruits et tarte aux pommes. Früchtekuchen und Apfelkuchen (<u>frucht</u>ekououchen ound <u>ap</u>-felkououchen).

G Une tarte aux pommes et un café. Einen Apfelkuchen und einen Kaffee (<u>aï</u>-nen <u>ap</u>-felkououchen und <u>aï</u>-nen <u>ka</u>-féé).

N L'apfelstrudel avec sauce vanille et un thé au citron. Apfelstrudel mit Vanillesauce und einen Tee mit Zitrone (<u>ap</u>-felstrouodel mit va-<u>ni</u>-lésoosé ound <u>aï</u>-nen téé mit tsi-<u>troo</u>-ne).

Après un bon déjeuner. Nach einem guten

78

Essen.
S C'était bon? War es gut (vaar és gouout)?
G C'était très bon. Es war sehr gut (és vaar sèèr gouout). Faites nos compliments au *cuisinier.* **Richten** Sie dem *Koch* unsere Komplimente **aus** (<u>rich</u>-ten sii déém koch <u>oun</u>-sère komplimén-te aos.)
T L'addition, s'il vous plait. Die Rechnung bitte (dii <u>rèch</u>-noungk <u>bi</u>-té). Une seule addition. Alles zusammen (<u>a</u>-les tsou-<u>sa</u>-men). Gardez la monnaie. Der Rest ist fur Sie (dèèr rèst ist fuur sii).

Q41: einen **alkoholfreien** règle de la déclinaison? **R41**: C4 **Q42**: **welches** comment on décline les adjectifs interrogatifs? **R42**: C8
F **Q43**: **was** comment on décline les pronoms interrogatifs 'wer' et 'was'? **R43**: C8 **Q44 Richten … aus** règle? **R44**: C6

Phrases importantes

je voudrais / ich möchte (ich meuch-te) … descendre / aussteigen (<u>aos</u>-shtaïguen) louer / mieten (<u>mii</u>-ten), payer / zahlen (<u>tsaa</u>-len), emporter / mitnehmen (<u>mit</u>-néémen), déclarer un vol / einen Diebstahl anzeigen (aï-nen diib-shtaal <u>an</u>-tsaïguen), déposer dans le coffre-fort / im Safe deponieren (im sééf dépo-<u>nii</u>-ren), prendre un rendez-vous / mir einen Termin geben lassen (miir <u>aï</u>-nen tèr-<u>min</u> <u>guèè</u>-ben lasen), visiter besichtigen (bé-<u>sich</u>-tiguen).

Apprenez s.v.p. les mots de <u>robe</u> à <u>timbreposte</u>.

79

Dixième chapitre

Prépositions régissant certains cas

E Vers le temps de la campagne électorale le père de Nicole va sans perdre le courage à travers le pays pour faire discussions pour le candidat A et contre le candidat B.

Um die Zeit des Wahlkampfes fährt der Vater von Nicole **ohne** den Mut zu verlieren **durch** das Land, um **für** den Kandidaten A und **gegen** den Kandidaten B Reden zu halten.

R **Préposition + accusatif: um, ohne, durch, für, gegen.**

E Nicole vient en train de la Provence. J'ai acheté des fleurs d'un fleuriste et j'attends depuis une heure sur le quai. Après son arrivée nous allons chez quelques amis pour faire une fête chez eux.

Nicole kommt **mit** dem Zug **aus** der Provence. Ich habe Blumen **von** einem Blumenhändler gekauft und warte **seit** einer Stunde auf dem Bahnsteig. **Nach** ihrer Ankunft gehen wir **zu** einigen Freunden, um **bei** ihnen ein Fest zu feiern.

R **Préposition + datif: mit, aus, von, seit, nach, zu, bei.**

E À cause de l'accumulateur Nicole ne pouvait pas téléphoner pendant le voyage et m'informer qu'il y a au lieu de l'horaire une grève et qu'elle arrivera plus tard par suite de la grève. En dépit du retard c'était une belle fête.

Wegen des Akkus konnte Nicole mich **während** der Reise nicht informieren, dass es **statt** des Fahrplans einen Streik gibt und sie **infolge** des Streikes später ankommen wird. **Trotz** der Verspätung war es ein schönes Fest.

R **Préposition + génitif**: **wegen**, **während**, **statt**, **infolge**, **trotz**.

Quand on n'a pas compris

Est-ce que vous parlez français? Sprechen Sie französisch (<u>shp</u>rè-chen sii fran-<u>tseueu</u>-sish)? Je ne comprends pas. Ich verstehe nicht (ich fèr-<u>sté</u>-h'e nicht). Vous pourriez *le* répéter et parler plus lentement? Könnten Sie *es* viederholen und langsamer sprechen (<u>keun</u>-ten sii és viidèr-<u>hoo</u>-len ound <u>lang</u>-samer <u>shp</u>rè-chen)? Est-ce que vous pourriez l'épeler? Könnten Sie es buchstabieren (<u>keun</u>-ten sii és bouchshta-<u>bii</u>-ren)? Est-ce que vous pourriez l'écrire? Könnten Sie es aufschreiben (<u>keun</u>-ten sii és <u>aof</u>-shraï-ben)? Est-ce que vous pourriez le traduire? Könnten Sie es übersetzen (<u>keun</u>-ten sii és ubèr-<u>sé</u>-tsen)? Comment appelle-t-on cela en allemand? Wie heißt das auf Deutsch (vii haïst daas aof doïtsh)? Que veut dire … Was bedeutet … (vaas bé-<u>doï</u>-tet)? Avez-vous compris? Haben Sie verstanden (<u>h'aa</u>-ben sii fèr-<u>shtan</u>-den)?

F Dans le grand magasin

Je peux vous aider? Kann ich Ihnen helfen (kan ich <u>ii</u>-nen <u>h'èl</u>-fen)? Non, merci, je ne fais que regarder. Nein, danke, ich schaue mich nur um (naïn <u>dan</u>-ke ich <u>shao</u>-e mich nouour oum). Ça me plait; je *le* prends. Das gefällt mir; ich nehme *es* (daas gué-<u>fèlt</u> miir ich <u>néé</u>-me és). Est-ce que je peux payer par cette carte? Kann ich mit dieser Kreditkarte bezahlen (kan ich mit <u>dii</u>-zer kré-<u>dit</u>-karte bé-<u>tsaa</u>-len)? Est-ce que je peux avoir le ticket de caisse? Kann ich den Kassenzettel haben (kan ich déén <u>ka</u>-sentsètel <u>h'aa</u>-ben)? Vous pourriez me faire un paquet cadeau? Könnten Sie mir ein Geschenkpaket machen (<u>keun</u>-ten sii miir aïn gué-<u>shénk</u>-pakéét <u>ma</u>-chen)?

F <u>Après un accident</u>

Il y a eu un accident. Es hat einen Unfall gegeben (és h'at <u>aï</u>-nen <u>oun</u>-fal gué-<u>guèè</u>-ben). Appelez une ambulance et la police. Rufen Sie einen Krankenwagen und die Polizei (<u>rouou</u>-fen sii <u>aï</u>-nen <u>kran</u>-kenvaaguen ound dii poli-<u>tsaï</u>). Donnez moi votre nom, votre adresse et le numéro de votre assurance. Geben Sie mir Ihren Namen, Ihre Adresse und Ihre Versicherungsnummer (<u>guèè</u>-ben sii miir <u>ii</u>-ren <u>naa</u>-men <u>ii</u>-re a-<u>drè</u>-se ound <u>ii</u>-re fèr-<u>si</u>-chèroungsnoumer).

Phrases importantes

il y a / es gibt (és guibt) une erreur dans l'addition / einen Fehler in der Rechnung (<u>aï</u>-nen <u>fèè</u>-ler in dèèr <u>rèch</u>-noungk).
Je porte du quarante / ich trage die Größe vierzig (ich <u>traa</u>-gue dii <u>greueu</u>-se <u>fiir</u>-tsigk). Ma pointure est quarante / meine Schuhgröße ist vierzig (<u>maï</u>-ne <u>shouou</u>-greueuse ist <u>fiir</u>-tsigk). J'ai besoin de / ich brauche (ich <u>brao</u>-che).

Tableau 15: **Dérivation des déclinaisons**

	N	A	D	G
m	(der)	den	dem	des
f	(die)	(die)	der	der
n	(das)	(das)	dem	des
Pl	(die)	(die)	den	der

A Dérivation des déclinaisons **sans les articles entre parenthèses.**

1 L'article indéfini ein (m), eine (f) ein (n) + **les deux dernières lettres** de l'article défini.

2 Adjectifs possessifs, par exemple mein (m), meine (f), mein (n), meine (pl): mein + **les deux dernières lettres** de l'article défini.

B Dérivation des déclinaisons **avec les articles entre parenthèses.**

3 Déclinaison des pronoms possessifs (par exemple meiner, meine, meines, meine): meine + **la dernière lettre** de l'article défini.(ee > e)

4 Le pronom interrogatif: welche + **la dernière lettre** de l'article défini. (welchee > welche)

5 Le pronom démonstratif: diese / jene + **la dernière lettre** de l'article défini. (diesee > diese, jenee > jene)

6 Le pronom relatif: comme l'article défini. **Exceptions**: Terminaison -sen (G m n), terminaison -en (G f, G pl, D pl).

7 Déclinaison des pronoms einer (m), eine (f), eines **(n)** keiner (m), keine (f), keines (n), keine (pl) eine / keine + **la dernière lettre** de l'article défini (einee > eine, keinee > keine).

83

F <u>Quand on est malade / wenn man krank ist</u>

Est-ce qu'il y a une pharmacie / un médecin au voisinage? Gibt es in der Nähe eine Apotheke / einen Arzt (guibt és in dèèr <u>nèè</u>-h'é <u>aï</u>-ne apo-<u>téé</u>-ke <u>aï</u>-nen artst)?

Je suis …	**Ich bin** …
allergique à	allergisch gegen (a-<u>lèr</u>-guish <u>guéé</u>-guen)
vacciné contre	geimpft gegen (gué-<u>impft</u> <u>guéé</u>-guen)
tombé	gestürzt (gué-<u>shturtst</u>)
enceinte de .. mois	im .. Monat schwanger (<u>moo</u>-nat <u>shvan</u>-guer)
diabétique	Diabetiker (dia-<u>béé</u>-tiker)

J'ai …	**Ich habe** …
mal à la tête	Kopfschmerzen (<u>kopf</u>-shmèrtsen)
mal aux oreilles	Ohrenschmerzen (<u>oo</u>-renshmèrtsen)
mal à la gorge	Halsschmerzen (<u>h'als</u>-shmèrtsen)
mal au dos	Rückenschmerzen (<u>ru</u>-kenshmèrtsen)
les maux d'estomac	Magenschmerzen (<u>maa</u>guenshmèrtsen)
mal au ventre	Bauchschmerzen (<u>baoch</u>-shmèrtsen)
un refroidissement	eine Erkältung (<u>aï</u>-ne èr-<u>kèl</u>-toungk)
de la fièvre	Fieber (<u>fii</u>-ber)
la toux	Husten (<u>h'ouous</u>-ten)
une indigestion	eine Verdauungsstörung (<u>aï</u>-ne fèr-<u>dao</u>-oungsshteueuroungk)

la diarrhée   Durchfall (<u>dourch</u>-fal)
eu des vomissements   mich übergeben
                       (mich ubèr-<u>guèè</u>-ben)
une tension élevée / basse   einen hohen /
niedrigen Blutdruck (<u>aï</u>-nen <u>h'oo</u>-en <u>nii</u>-driguen <u>blouout</u>-drouk)
la nausée   Brechreiz (<u>brèch</u>-raïts)
troubles circulatoires   Kreislaufstörungen
                  (<u>kraïs</u>-laof-shteueurounguen)
J'ai mal ici. Es tut hier weh (és touout h'iir véé).
Je prends régulièrement ces médicaments. Ich nehme diese Medikamente regelmäßig (ich <u>néé</u>-me <u>dii</u>-ze médika-<u>mén</u>-té <u>ré</u>-guelmèèsigk).

F <u>Mots 'Faux amis'</u>

Il y a en **allemand** des faux amis, qui ressemblent à des *mots français*, mais dont le sens est différent.

apparat / Prunk m	**Apparat** m / appareil
coffre / Kofferraum m	**Koffer** m / valise
dirigeant / Führer m	**Dirigent** m / chef d'orchestre
infusion / Kräutertee m	**Infusion** f / perfusion
parole / Wort n	**Parole** f / le mot d'ordre
raquette / Tennisschläger m	**Rakete** f / fusée
trésor / Schatz m	**Tresor** m / coffre-fort
veste / Jacke f	**Weste** f / gilet

Apprenez s.v.p. les mots de <u>tirer</u> à <u>wagon-restaurant</u>.

F Verbes irréguliers

Groupe 1

infinitif traduction	3.pers. du sg	prétérit	auxiliaire + participe passé
a	**ä**	**ie/i**	**a**
laufen courir	läuft	lief	ist gelaufen
blasen souffler	bläst	blies	hat geblasen

<u>Moyen mnémotechnique</u>:
Je vous prie de <u>s'arrêter</u> et <u>laisser</u> la voiture sur le parking parce que je veux un peu <u>dormir</u>.
s'arrêter / **halten**, laisser / **lassen**, dormir / **schlafen**
Je te voudrais <u>conseiller</u>: <u>attraper</u> l'animal est dangereux. Tu peux <u>tomber</u>.
conseiller / **raten**, attraper / **fangen**, tomber / **fallen**
Trouvez la 3. pers. du sg, le prétérit et le participe passé des verbes du groupe 1.
Solutions: voir verbes irréguliers.

Groupe 2

	a	**ä**	**u**	**a**
graben creuser	gräbt	grub	hat gegraben
schlagen battre	schlägt	schlug	hat geschlagen
wachsen grandir	wächst	wuchs	ist gewachsen

86

Moyen mnémotechnique:
Je voudrais charger le linge sur la voiture. Je ne dois pas le porter et je peux aller en voiture.
charger / **laden**, linge > laver / **waschen**, porter / **tragen**, aller / **fahren**
Trouvez la 3. pers. du sg, le prétérit et le participe passé des verbes du groupe 2.
Solutions: voir verbes irréguliers.

Groupe 3

e	i	a	e
geben donner	gibt	gab	hat gegeben
messen mesurer	misst	maß	hat gemessen
treten se placer	tritt	trat	ist getreten

E N'oubliez pas: On doit manger le menu, pas bouffer!

Oublier / **vergessen** manger / **essen**, bouffer / **fressen**

Trouvez la 3. p. du sg, le prétérit et le participe passé.

Groupe 4

e	i	a	o
erschrecken s'effrayer	erschrickt	erschrak	ist erschrocken
nehmen prendre	nimmt	nahm	hat genommen
stechen piquer	sticht	stach	hat gestochen
sterben mourir	stirbt	starb	ist gestorben

werfen	wirft	warf	hat geworfen
jeter			

<u>Moyen mnémotechnique</u> :

Je voudrais <u>rencontrer</u> la mère de Paul et la prier
de m'<u>aider</u> et de <u>parler</u> avec Paul. S'il annule les
fiançailles il pourrait <u>briser</u> mon cœur.
rencontrer / **treffen**, aider / **helfen**, parler / **sprechen**, briser / **brechen**
Trouvez la 3. p. du sg, le prétérit et le participe
passé.

<u>Groupe 5</u>

e	**ie**	**a**	**e**
lesen	liest	las	hat gelesen
lire			
sehen	sieht	sah	hat gesehen
voir			
geschehen	geschieht	geschah	ist geschehen
arriver			

<u>Groupe 6</u>

e	**ie**	**a**	**o**
befehlen	befiehlt	befahl	hat befohlen
ordonner			
stehlen	stiehlt	stahl	hat gestohlen
dérober			
empfehlen	empfiehlt	empfahl	hat empfohlen
recommander			

88

F <u>Verbes irréguliers et verbes de modalité</u>

beginnen commencer	beginnt	begann	hat begonnen
biegen courber	biegt	bog	hat gebogen
bieten offrir	bietet	bot	hat geboten
bitten prier	bittet	bat	hat gebeten
bleiben rester	bleibt	blieb	ist geblieben
brechen rompre	bricht	brach	hat gebrochen
brennen brûler	brennt	brannte	hat gebrannt
bringen apporter	bringt	brachte	hat gebracht
denken penser	denkt	dachte	hat gedacht
essen manger	isst	aß	hat gegessen
fahren aller	fährt	fuhr	ist gefahren
fallen tomber	fällt	fiel	ist gefallen
fangen attraper	fängt	fing	hat gefangen
finden trouver	findet	fand	hat gefunden
fliegen voler	fliegt	flog	ist geflogen
fressen manger	frisst	fraß	hat gefressen
gehen aller	geht	ging	ist gegangen

89

gewinnen	gewinnt	gewann	hat gewonnen
gagner			
haben	hat	hatte	hat gehabt
avoir			
halten	hält	hielt	hat gehalten
s'arrêter			
hängen	hängt	hing	hat gehangen
pendre			
heißen	heißt	hieß	hat geheißen
s'appeler			
helfen	hilft	half	hat geholfen
aider			
kennen	kennt	kannte	hat gekannt
connaître			
kommen	kommt	kam	ist gekommen
venir			
laden	lädt	lud	hat geladen
charger			
lassen	lässt	ließ	hat gelassen
laisser			
leihen	leiht	lieh	hat geliehen
prêter			
liegen	liegt	lag	hat gelegen
être couché			
nennen	nennt	nannte	hat genannt
nommer			
raten	rät	riet	hat geraten
conseiller			
rennen	rennt	rannte	ist gerannt
courir			
rufen	ruft	rief	hat gerufen
appeler			
scheinen	scheint	schien	hat geschienen
briller			
schieben	schiebt	schob	hat geschoben

pousser
schlafen   schläft   schlief   hat geschlafen
dormir
schließen   schließt schloss   hat geschlossen
fermer
schneiden   schneidet schnitt   hat geschnitten
couper
schreiben   schreibt schrieb   hat geschrieben
écrire
schwimmen schwimmt schwamm ist geschwom-
men nager
sein   ist   war   ist gewesen
être
singen   singt   sang   hat gesungen
chanter
sitzen   sitzt   saß   hat gesessen
être assis
sprechen   spricht   sprach   hat gesprochen
parler
springen   springt   sprang   ist gesprungen
sauter
stehen   steht   stand   hat gestanden
être debout
steigen   steigt   stieg   ist gestiegen
monter
stoßen   stößt   stieß   hat gestoßen
heurter
streiten   streitet stritt   hat gestritten
se disputer
tragen   trägt   trug   hat getragen
porter
treffen   trifft   traf   hat getroffen
rencontrer
trinken   trinkt   trank   hat getrunken
boire

tun	tut	tat	hat getan
faire			
verbieten	verbietet	verbat	hat verboten
interdire			
vergessen	vergisst	vergaß	hat vergessen
oublier			
verlieren	verliert	verlor	hat verloren
perdre			
waschen	wäscht	wusch	hat gewaschen
laver			
werden	wird	wurde	ist geworden
devenir			
wissen	weiß	wusste	hat gewusst
savoir			
ziehen	zieht	zog	hat gezogen
tirer			

Verbes de modalité

dürfen	darf	durfte	hat gedurft
pouvoir			
können	kann	konnte	hat gekonnt
pouvoir			
mögen	mag	mochte	hat gemocht
vouloir			
müssen	muss	musste	hat gemusst
devoir			
sollen	soll	sollte	hat gesollt
devoir			
wollen	will	wollte	hat gewollt
vouloir			

Vocabulaire

abricot Aprikose apri-k<u>oo</u>se f

accepter annehmen <u>an</u>-néémen

accident Unfall <u>oun</u>-fal m

accompagner begleiten gl<u>aï</u>-ten

achat Kauf kaof m

<u>acheter</u> kaufen kao-fen

<u>adaptateur</u> A-<u>dap</u>-ter m

<u>addition</u> <u>Rech</u>nung noungk f

<u>adresse</u> <u>A</u>dresse a-<u>drè</u>-se f

<u>aéroport</u> Flughafen m

age Alter <u>al</u>-tèr n

<u>agneau</u> Lamm n

agréable angenehm

<u>aider</u> helfen <u>h'èl</u>-fen

aimer lieben <u>lii</u>-ben

<u>aller</u> gehen <u>gué</u>-h'en

<u>aller retour</u> hin und zurück

aller voir nachsehen

allergie Allergie alèr-<u>guii</u> f

allumette Streichholz n straïchh'olts

ambassade Botschaft f

<u>ambulance</u> <u>Kran</u>kenwagen

ami Freund froïnd m

ampoule (<u>Glüh</u>)Birne f

animal Tier tiir n

anniversaire Ge<u>burts</u>tag m

<u>annuaire du téléphone</u> Telefonbuch télé-<u>foon</u>-bououch n

<u>annuler</u> annullieren anou<u>liiren</u>

antiquité Antiquität kvi<u>tèèt</u> f

août August ao-<u>goust</u> m

apéritif Aperi<u>tif</u> m

<u>appartement</u> <u>Woh</u>nung f

appareil photo
<u>Fotoapparat</u>

<u>appeler</u> rufen

<u>s'appeler</u> heißen

<u>apporter</u> bringen

<u>après-midi</u>
Nachmittag m

arbre Baum

architecture
Architek<u>tur</u> f

<u>argent</u> Geld guèld

arrêt <u>Halte</u>stelle

arrêt d'autobus
<u>Bus</u>haltestelle f

<u>arrêter</u> anhalten

arrivée Ankunft
<u>an</u>-kounft f

<u>arriver</u>
ankommen

art Kunst kounst f

artificiel
künstlich

artiste Künstler

<u>ascenseur</u> <u>Auf</u>zug

assez genug

<u>assiette</u> Teller

<u>assurance</u>
Ver<u>si</u>cherung f

attendre warten

attention Achtung

auberge de jeunesse Jugendherberge

aujourd'hui heute

93

autobus Autobus a̲o̲toobous m
automne Herbst h'èrbst m
autoroute Autobahn a̲o̲toobaanf
autre andere(r, -s)
avion Flugzeug fl̲o̲u̲o̲u̲g-tsoïg n
ben
avoir besoin de
brauchen bra̲o̲-chen
avril April a-pri̲l̲ m
B
ba̲c̲ Fähre fè̲è̲-re f
bai̲g̲ner baden ba̲a̲-den
bai̲n̲ Bad baad n
balai Besen
bé̲é̲-sen m
banque Bank f
bar̲q̲ue Kahn kaan m
bas Strumpf stroumpf m
bateau à moteur Mot̲o̲rboot n
bateau à voile
Segelboot s̲é̲é̲-guelboot n
Batterie (Auto) Batteri̲e̲ f
beur̲r̲e Butter bo̲u̲-ter f
bic̲y̲clette Fahrrad fa̲a̲-raad n
bientôt bald
biè̲re Bier biir n
bijoutier Juwelier iouve-li̲i̲r m
bil̲l̲et Fahrkarte fa̲a̲r-karte f
billet de banque Ban̲k̲note f
biscuit Keks kééks m
bleu blau blao
boeuf Rind n
boi̲r̲e trinken tri̲n̲-ken
boiss̲o̲n Getränk
ghé-trè̲n̲k̲ n

boite Schachtel
boite aux lettres
Briefkasten
bon marché billig
avoi̲r̲ haben h'a̲a̲-
bi̲-ligk
bouc̲h̲e Mund m
bouc̲h̲erie
Metzger̲e̲i̲ f
bouchon Ko̲r̲ken
bougie Kerze
boul̲a̲ngerie
Bäckerei ra̲ï̲ f
bout̲e̲ille Flasche
bouton Knopf m
bras Arm m
briquet
Fe̲u̲erzeug tsoïg n
brochette
Br̲a̲tspieß shpiis
brouillard Nebel
bruy̲a̲nt laut laot
bure̲a̲u Büro n
bureau des objets
trouvés Fundbüro
C
cadeau Geschenk
cais̲s̲e Kasse
~ de maladie
Kr̲a̲nkenkasse f
canot de
sauvetage
Rettungsboot n
carte de crédit
Kreditkarte

94

carte d'identité
Personalausweis ~aosvaïs m
carte postale Postkarte f
casino Kasino ka-sii-noo n
cassé kaputt ka-pout
cathédrale
Kathedrale f
ce dieser dii-zèr
ceinture Gürtel gur-tel m
célibataire
ledig léé-digk
celui-là dieser dort
dii-zer
cendrier Aschenbecher m
centre Zentrum tsén-troum n
centre commercial Einkaufs-
zentrum aïn-kaofstséntroum n
cette diese dii-ze
chair Fleisch flaïsh n
chaise Stuhl shtououl m
chaleur Hitze hi-tse f
change (Geld) Wechsel
changer umsteigen shtaïghen
chanson Lied liid n
chapeau Hut h'ouout m
chaque jede(r, -s) iee-de
chariot Kofferkuli ~kouli m
château Schloss
shlos n
chauffage
Heizung
concierge
heizen h'aï-tsen
chaussette Socke
so-ke f

chaussure Schuh
chemise Hemd
chercher suchen
cheveu Haar n
chien Hund
chocolat
Schokolade f
ciel Himmel m
cimetièreFriedhof
cinéma Kino n
ciseaux Schere f
ciseaux à ongles
Nagel schere
naa-guélshère f
citron Zitrone f
clair klar klaar
clef Schlüssel
climatisation
Klimaanlage
klii-maanlaague f
cœur Herz h'èrts
coffre-fort Tresor
commencer
beginnen
commander
bestellen
compartiment
Abteil ab-taïl n
comprendre
verstehen shtéé
concierge
Hausmeister/in
connaître kennen
consigne Gepäck-
aufbewahrung f

consommer ver_brau_chen
constater _fest_stellen
contenir enthalten ént-h'al-ten
contrat Vertrag
fèr_traagk_ m
con_trôler_
kontrol_lie_ren
corps Körper
keur-per m
correspondance Anschluss m
coton Baumwolle
baom-vole f
couleur _Far_be f
couper schneiden _shnaï_-den
cours Kurs
kours m
coussin Kissen
_ki_-sen n
couteau Messer _mè_-ser n
coûter kosten
_ko_-sten
couvert Besteck bé-_shték_ n
crème Sahne
 saa-ne f
croisière Kreuzfahrt f
kroitsfaart f
cuisine Küche _ku_-che f
D
dame Dame _daa_-me f
danger Gefahr gué-_faar_ f
dangereux ge_fähr_lich
danser tanzen _tan_-tsen
Datum _daa_-tum n
date limite Verfalldatum
fèr-_fal_-daatoum n

date de naissance
Ge_burts_datum n
début Beginn m
décembre
De_zem_ber
décision
Ent_schei_dung f
décrire
bes_chrei_ben
déjà schon
déjeuner
Frühstück _fruu_ n
demain morgen
demander fragen
demi kilo _hal_bes
Kilo
dénoncer
_an_zeigen tsaïguen
dent Zahn tsaan
dentifrice
_Zahn_creme f
dentiste _Zahn_arzt
dépenser
_aus_geben guèben
descendre
_aus_steigen
diète Diät
di-_èèt_
dîner _A_bendessen
dire sagen
direct direkt _rèkt_
direction _date_
_Richt_ung
docteur Arzt
aartst m

96

doctoresse Ärztin èèrts-tin f
doigt Finger fin-guer m
donner geben
guè-ben
dormir schlafen
shlaa-fen
dos Rücken ru-ken m
douche Dusche dou-she f
douleur Schmerz shmèrts m
drap de lit Betttuch tououch m
durer dauern dao-ern
E
eau minérale Mineralwasser n
eau potable Trinkwasser n
écharpe Schal shaal m
écrire schreiben
shraï-ben
électrique elektrisch
é-lèk-trish
embarcadère Anlegestelle f
anléghestelle
emporter mit-nehmen néémen
emprunter leihen laï-h'en
enfant Kind n
entendre hören h'eueu-ren
entrée Eingang aïn-gangk m
enveloppe Briefumschlag m
environ ungefähr oun-gefèèr
envoyer schicken shi-ken
épices Gewürz gué-vurts n
époux/se Gatte/in
épuisé ausverkauft
aos-fèrkaoft
équipe Mannschaft
man-shaft f

erreur Irrtum m
escalier Treppe f
escalier roulant
Rolltreppe f
escalope
Schnitzel shni n
essayer probieren
essence Benzin
estomac Magen
étage Etage shé f
été Sommer
somèr m
être sein saïn
être assis sitzen
étroit eng
excuser
entschuldigen
expliquer
erklären
exposition
Ausstellung f
F
faim Hunger
h'oungher m
famille Familie f
femme Frau frao
fenêtre Fenster n
fête Fest fèst n
feu Feuer foï-er
fille Tochter f
fils Sohn soon m
fin Ende én-de n
finir beenden
fleur Blume
blouou-me f

fleuve Fluss flous m
foire Markt m
fois mal maal
fonctionner funktionieren nii
fontaine Brunnen
brou-nen m
forme Form f
fortune Glück gluk n
fourchette Gabel gaa-bel f
fraise Erdbeere èrd-béére f
français französisch
fran--tseueu-sish
(la) France Frankreich raïch n
frein Bremse brém-se f
frère Bruder brouou-der m
fresque Fresko frès-ko n
fromage Käse kèè-se m
frontière Grenze grén-tse f
fruit Obst n
fruits de mer
Meeresfrüchte f
fumer rauchen rao-chen
fumeur Raucher rao-cher m
G
gagner gewinnen
gant Handschuh
garage Werkstatt vèrk-stat f
gare Bahnhof baan-h'oof m
garer parken
garniture Beilage baï-laague f
gâteau Kuchen
kouou-chen m
gazeux kohlensäurehaltig
gazole Diesel dii-sel m
genou Knie knii n

gens Leute loï-te
gentil freundlich
glace Eis aïs n
glacier Eisdiele f
golf miniature
Minigolf n
goutte Tropfen m
graisse Fett fèt n
gramme Gramm
grand magasin
Kaufhaus
kaof-h'aos n
grand-père
Großvater
gril Grill m
groupe Gruppe f
guichet des billets
Fahrkartenschalter
guide Reiseführer
guide de
montagne
Bergführer fuurer
H
habillement
Kleidung f
habiter wohnen
heure Stunde f
heures
d'ouverture
Öffnungszeiten
hier gestern
histoire
Geschichte f
homme Mensch
hôpital Hospital n

98

horaire Fahrplan
faar-plaan m
horloge Uhr
ouour f
hors d'œuvre Vorspeise f
huile Öl eueul n

I

ici hier h'iir
île Insel in-sel f
imperméable
Regenmantel m
important wichtig vich-tigk
indicatif Vorwahl
foor-vaal f
indice de protection
Lichtschutzfaktor m
infirmière Krankenschwester f
informer informieren
inscription Anmeldung f
interdire verbieten fèr-bii-ten
interprète Dolmetscher/in m/f
inviter einladen aïn-laaden

J

jamais niemals nii-mals
jambe Bein baïn n
jambon Schinken shin-ken m
janvier Januar ia-nouar m
jardin Garten m
jeu Spiel shpiil n
jeudi Donnerstag m
jouer spielen
shpii-len
jour Tag
taagk m
~ de l'an Neujahrstag m

jour de fête
Festtag m
jour ouvrable
Werktag m
journal Zeitung f
juin Juni iouou-ni
jumelles Fernglas
jupe Rock m
jus Saft m
jus de fruit
Obstsaft m

K

kilomètre
Kilometer m
kiosque Kiosk m

L

lac See séé m
laisser lassen
lait Milch f
lavabo
Waschbecken n
laver waschen
laxatif
Abführmittel n
légume Gemüse n
lever (se)
aufstehen
librairie
Buchhandlung f
lieu Ort m
liquide
Flüssigkeit f
lire lesen lè-sen
lit Bett bét n
livre Buch n

99

location Verleih fer-laï m
location de voitures
Autoverleih m
louer mieten
mii-ten
loyer Miete mii-te f
lumière
Licht n
lune Mond moond m
lunettes Brille bri-le f
M
magasin Geschäft gé-shèft n
magasin de photographie
Fotogeschäft n
magnifique wunderbar
mai Mai maï m
main Hand f
maintenant jetzt iétst
mairie Rathaus
raat-h'aos n
maison Haus h'aos n
maître nageur Bademeister m
malade krank
maladie Krankheit ~haït f
manger essen ès-en
marché Markt m
mardi Dienstag diins-taag m
marié verheiratet fèr-h'aï-raatet
maroquinerie Ledergeschäft n
mars März mèrts m
matelas Matratze
ma-tra-tse f
matelas pneumatique
Luftmatratze
luft-ma-tra-tse f

matériel Material
matière Materie f
matin Morgen
mécanicien
Mechaniker m
médecin Arzt
médicament
Medikament n
menu Menü n
mer Meer méér n
mère
Mutter
message
Nachricht f
mesurer messen
mettre stellen
miel Honig m
midi Mittag m
minuit
Mitternacht f
miroir
Spiegel
mixte gemischt
mode Mode f
mois Monat m
montagne Berg
monter steigen
montrer zeigen
mot Wort vort n
moteur Motor m
motocyclette
Motorrad n
mou weich vaïch
mouche Fliege
flii-gué f

100

mouchoir Taschentuch n
moyen mittlere
mit-lère
muscle Muskel mous-kel m
musée Museum mou-sé-oum n
N
nager schwimmen shvi-men
nationalité Nationalität f
navire Schiff shif n
né geboren gué-boo-ren
nécessaire notwendig
neige Schnee shnéé m
ne ... pas nicht
ne ... que nur nouour
nettoyer reinigen raï-niguen
nez Nase naa-se f
noix Nuss nous f
nom Namen naa-men m
nombre Nummer nou-mer f
non alcoolisé alkoholfrei
nouvel an Neujahr noï-jaar n
nuit Nacht f
nuque Nacken
na-ken m
O
oblitérer entwerten
oeil Auge ao-gue n
oeuf Ei aï n
office du tourisme
Fremdenverkehrsamt n
offrir öffnen euf-nen
ombre Schatten sha-ten m
ombreux schattig sha-tigk
omelette Omelett
om-lèt n

on man
ongle
Fingernagel m
opticien Optiker
or Gold n
ordonnance Rezept
oreille Ohr oor n
os Knochen m
oublier vergessen
ouvre - bouteille
Flaschenöffner m
ouvrir öffnen
P
pain Brot broot n
paire Paar paar n
palais Palast m
panne Panne f
pantalon Hose
papier Papier n
papier hygiénique
Toilettenpapier n
Pâques Ostern
parapluie
Regenschirm m
parasol
Sonnenschirm m
parcmètre
Parkuhr
parents Eltern pl
parfum Parfüm
par-fuum n
parking couvert
Tiefgarage f
parler sprechen
partager teilen

partie Teil taïl m

partir abreisen

ab-raïsen

passeport Pass m

pâte Teig taïg m

patience Geduld guédould f

patient Patient patsient m

patinage Eislaufen aïs-laofen n

pâtisserie Konditorei f

konitoraï

payer zahlen tzaa-len

pays Land n

péage Maut maot f

pêche Fisch fish

pêcher angeln an-gueln

pédiatre Kinderarzt / ärztin

peigne Kamm m

peignoir Bademantel m

peindre malen maa-len

peintre Maler/in m/f

peinture Gemälde gué-mèl-de

pellicule Film m

pellicule couleurs

Farbfilm m

penser denken dén-ken

perdre verlieren fer-lii-ren

permettre erlauben er-lao-ben

fishpermis de conduire

Führerschein fuu-rershaïn m

petit-déjeuner Frühstück n

petit pain Brötchen breueut ~ n

pharmacie Apotheke apotééke

photographe Fotograf(in)

photographier fotografieren

fotografiiren

pièce Stück stuk

pièce de monnaie

Münze f

pied Fuß fouous

piéton Fußgänger

pile Batterie f

pilule Pille pi-le f

piquant pikant

piscine

Schwimmbad n

piste de fond

Loipe loi-pe f

place Platz plats

plage Strand m

plaindre bedauern

plaire gefallen

plan Plan plaan m

plan d'une ville

Stadtplan m

plante Pflanze f

plein voll

pleuvoir regnen

plonger tauchen

pluie Regen m

pneu Reifen m

poche Tasche f

poisson Fisch

poivre Pfeffer m

police Polizei f

pomme Apfel m

pomme de terre

Kartoffel f

ponctuel pünktlich

pont Brücke f

porc Schwein n

port Porto n, Hafen h'aafen m

portable Handy h'èn-di n

quelque chose etwas ét-vas

porte Tür tuur f

portefeuille Brieftasche f

porte-monnaie Geldbeutel m

porter tragen traa-guen

portion Portion portsi-oon f

possible möglich

meueug-lich

poubelle Mülleimer

~ aïmer m

poulet Hähnchen h'èèn-chen n

pour cent prozent

tsent

pouvoir können

keu-nen

poste Post f

préférer bevorzugen

befoortsououguen

prendre nehmen néé-men

présenter vorstellen

foor-stelen

prier bitten bi-ten

printemps Frühling m

fruulingk

prise de courant

Steckdose shték-doose f

prix Preis praïs m

procurer besorgen be-sor-guen

profession Beruf be-rououf m

profond tief tiif

prononcer aus-sprechen

propre sauber sao-ber

purification Reinigung f

Q

quai Gleis glaïs n

question Frage

quitter verlassen

R

radiographier

röntgen

rapide Schnellzug

rasoir

Rasierapparat m

réception

Empfang

recevoir erhalten

réclamation pro-

Reklamation f

recommander

empfehlen

reçu Quittung

réduction

Preisnachlass m

regard Blick m

regarder

betrachten

remercier danken

remontée

mécanique Skilift

remplir ausfüllen

rencontrer treffen

réparer reparieren

repas Mahlzeit

répondre

antworten

réserver

reservieren

rester bleiben

103

retard Verspätung f
retirer abheben ab-h'éében
retour Rückkehr ruk-kéér f
retourner zurückkehren
réveiller wecken vé-ken
revoir wiedersehen
revue Zeitschrift tsaït-shrift f
rire lachen
riz Reis raïs m
robe Kleid klaïd n
robinet Wasserhahn m
rompre brechen brè-chen
rond rund round
rôti Braten
braa-ten m
rouge rot root
rouge Lippenstift m
rue Straße straa-se f
S
sable Sand m
sac à dos Rucksack rouk m
sac à main Handtasche f
sachet Beutel boï-tel m
saigner bluten
blouou-ten
saison Jahreszeit iaarestsaït f
salade Salat sa-laat m
salade de fruits Fruchtsalat m
sale schmutzig shmou-tsigk
salle Saal saal m
saluer grüßen gruu-sen
salut Gruß grouous m
sang Blut blouout n
santé Gesundheit f
gesoundhaït

sapin Tanne f
satisfait zufrieden
sauce Soße f
saucisseBratwurst
saumon Lachs m
savoir wissen
savon Seife saï-fe
sculptureSkulptur
seau Eimer m
secours Hilfe f
séjour Aufenthalt
sel Salz n
semaine Woche f
sens unique
Einbahnstraße
sentier Pfad m
sentir fühlen
séparé ge-trennt
serveur Kellner m
service Service m
service religieux
Gottesdienst m
serviette Serviette
serviette de
toilette
Handtuch n
serviette
hygiénique
Damenbinde f
servir bedienen
signature
Unterschrift f
signer unter-
schrei-ben
signifier bedeuten

104

s'intéresser à sich interessieren T
ski Schi shii m
faire du ski Schi fahren faa-ren
ski de fond Langlauf ~laof m
socquette Söckchen n
sœur Schwester shvé-ster f
soif Durst dourst m
soigner behandeln
soir Abend
aa-bend m
soldes
Ausverkauf m
soleil Sonne so-né f
somme Summe sou-mé f
sonner läuten
loï-ten
sonnette Klingel
klin-guel f
sortie Ausgang aos-gangk m
sortie de secours
Notausgang noot-aosgangk m
sortir ausgehen
aos-géh'en
soupe Suppe sou-pé f
souvent oft
sparadrap Heftpflaster n
station-service Tankstelle f
stupide dumm doum
sucre Zucker tsou-ker m
suivre folgen fol-guen
supermarché Supermarkt m
sûr sicher
surprise Überraschung f
surveiller
überwachen

table Tisch tish m
tableau Bild n
taille Größe f
tasse Tasse ta-sé f
taxe Steuer f
taxe de séjour
Kurtaxe f
télécarte
Telefonkarte f
téléphérique
Drahtseilbahn f
téléphoner
telefonieren
télésiège
Sessellift m
télévision
Fernsehen n
temps Zeit tsaït f
tente Zelt tsèlt n
terminus
Endstation f
terrain de golf
Golfplatz m
tête Kopf m
timbre-poste
Briefmarke f
tire-bouchon
Korkenzieher
tirer ziehen
tissu Stoff m
toucher berühren
toujours immer
tour Turm m

tour Rundfahrt round-faart f

tout(e) ganze(r -s) gan-tse(r -s)

tout de suite sofort so-fort

tout droit geradeaus

train Zug tsououg m

tranche Scheibe shaï-be f

tranquille ruhig rou-h'igk

transport Transport m

travailler arbeiten
ar-baïten

traverser überqueren kvéé-ren

trop zu viel

tsou fiil

U

urgence Notfall noot-fal m

urgent dringend drin-guend

utiliser benutzen bé-nou-tsen

V

vacances Ferien
fé-rien pl

valable gültig gul-tigk

valise Koffer ko-fer m

vanille Vanille va-ni-lé f

veau Kalb n

vendre verkaufen fèr-kao-fen

venir kommen ko-men

vent Wind vind m

vente Verkauf fèr-kaof m

vente de billets Karten-
verkauf kar-tenfèrkaof m

véritable wahr vaar

verre Glas glaas n

verser einzahlen aïn-tsaalen

vert grün gruun

viande Fleisch flaïsh n

vide leer lèèr

village Dorf n

ville Stadt shtat f

vin Wein vaïn m

~ blanc Weißwein

~ rouge Rotwein

vinaigre Essig m

visage Gesicht n

visite
Besichtigung f

~ guidée Führung

visiter
besichtigen

vivre leben

vœu Wunsch m

voir sehen

vol Diebstahl m

voler stehlen

volet
Fensterladen m

volontiers gern(e)

voltage Voltzahl f

vouloir wollen

voyage Reise

voyager reisen

vue Aussicht f

W

wagon couchettes
Liegewagen

wagon-lit
Schlafwagen m

wagon-restaurant
Speisewagen m

Y

y da, dahin, dort

106

Du même auteur

Costanza, Jean

Nouveau cours de
langue
Apprendre l'italien
en 10 jours sans
peine
Éditeur:
Books on Demand
12 - 14 rond point
des
Champs Elysées
PARIS
Dépôt légal: février
2011
ISBN 978-2-8106-
1413-4

Costanza, Jean

L'anglais en 10 jours
Cours de langue
avec une
nouvelle méthode
Éditeur:
Books on Demand
Norderstedt,
Allemagne
ISBN 978-3-7322-
3049-5